Königs Erläuterungen und Materialien
Band 295

Erläuterungen zu

Friedrich Dürrenmatt

Der Besuch der alten Dame
Die Physiker

Neu bearbeitet von Edgar Neis

C. Bange Verlag – Hollfeld

Herausgegeben von Klaus Bahners, Gerd Eversberg
und Reiner Poppe

Friedrich Dürrenmatt

„Ich schreibe, um das Absurde dieser Welt wissend,
aber nicht verzweifelnd,
denn wenn wir auch wenig Chancen haben,
sie zu retten — es sei denn, Gott sei uns gnädig —,
bestehen können wir sie immer noch."

17. neu bearbeitete Auflage 1994
ISBN 3-8044-0410-3
© 1980 by C. Bange Verlag, 96142 Hollfeld
Alle Rechte vorbehalten!
Druck: Beyer-Druck, Langgasse 23, Hollfeld

INHALTSÜBERSICHT

1. Wesen und Werk Friedrich Dürrenmatts 5
1.1 Das Satyrspiel vor der Tragödie 7
1.2 Friedrich Dürrenmatt 10
1.3 Entstehungsdaten der Werke Friedrich Dürrenmatts 11

DER BESUCH DER ALTEN DAME

2. Gang der Handlung
2.1 Erster Akt 13
2.2 Zweiter Akt 19
2.3 Dritter Akt 22
3. Dürrenmatts Tragikomödie „Der Besuch der alten Dame" im Urteil der Literaturkritik
3.1 Dürrenmatts Welttheater 29
3.2 „Uns kommt nur noch die Komödie bei" 30
3.3 Armut oder Konjunktur durch Verbrechen? 31
3.4 Die Komödie menschlicher Armseligkeit 32
3.5 Der Besuch der alten Dame 35
3.6 Wer ist die alte Dame? 41
3.7 Der Dreischritt der dramatischen Handlung in Dürrenmatts Drama „Der Besuch der alten Dame" 42
3.8 Paradoxie, Ironie und Groteske in Dürrenmatts Tragikomödie „Der Besuch der alten Dame" (Welche dinglichen Zeichen und Vorgänge gewinnen gleichnishaften Charakter?) 43
3.9 Die Schlußszene in Dürrenmatts „Der Besuch der alten Dame" 48
3.10 Der einzelne hat die Welt zu bestehen 49

MATERIALIEN

4. Schein und Sein in Dürrenmatts „Besuch der alten Dame"
   1. Claire Zachanassian 51
   2. Ill 51
   3. Güllen 51
   4. Der hybride Bauboom 51
5. Antike Elemente in Dürrenmatts „Besuch der alten Dame"
   1. Das Jason-Medea-Motiv 52
   2. Das Motiv der Parze und der Nemesis 52
   3. Das Motiv der analytischen Tragödie 53
   4. Das Motiv des antiken Chors 53

6.	Die antiken Elemente sind unantik	54
7.	Dürrenmatts „Besuch der alten Dame" – Soziale Satire oder Passionsspiel?	55
8.	Die Problematik der Tragikomödie „Der Besuch der alten Dame"	56
9.	Die Mängel der Tragikomödie Dürrenmatts	59

DIE PHYSIKER

1.	Gang der Handlung	
1.1	Erster Akt	61
1.2	Zweiter Akt	68
2.	Dürrenmatts Komödie „Die Physiker" im Urteil der Literaturkritik	
2.1	Die Farce „Die Physiker"	73
2.2	Macht und Chaos	74
2.3	Das sinnlose Opfer des einzelnen	76
2.4	Die Erinnye der Physiker	77
2.5	Dürrenmatt fordert Verantwortung	78
2.6	„Die Physiker" – das Drama von Macht und Ohnmacht des Wissens	81
2.7	Resignation vor einem ungelösten Thema	82
2.8	Gefährliches Denken	83
2.9	Dürrenmatts 21 Punkte zu den „Physikern"	86
2.10	Die Selbstcharakteristik der Physiker	87
2.11	Atomphysikertragödien des modernen Dokumentartheaters	88
2.12	Möbius – der Anti-Galilei	89

MATERIALIEN

3.1	Das Schweizerische in Dürrenmatts Komödien „Der Besuch der alten Dame" und „Die Physiker"	90
3.2	Das Dilemma der Physiker	92
3.3	Das faustische Weltverhängnis	94
3.4	Wer ist König Salomo?	96
3.5	Die Sprüche Salomos	99
3.6	Inkonsequenzen in Dürrenmatts Physiker-Drama	100
3.7	Etwas Physik von Newton bis Einstein	102
3.8	Worte Albert Einsteins und Friedrich Dürrenmatts	106
3.9	Der Apokalyptiker Friedrich Dürrenmatt	107

Literaturnachweis 108

1. WESEN UND WERK FRIEDRICH DÜRRENMATTS

Dürrenmatt ist ein schonungsloser Moralist und Satiriker, zu dessen literarischen Ahnen Aristophanes, Plautus, Molière, Nestroy, G. Kaiser, Wedekind, Sternheim, Giraudoux, Pirandello, Wilder zählen. Er erkennt keine überkommenen dramatischen Gesetze an; in dem Vortrag „Theaterprobleme" (1955) erklärte er die Komödie zur einzigen heute möglichen Bühnenform, aus der sich das Tragische wie bei Shakespeare noch erzielen lasse. Die Tragödie im Sinne Schillers setze eine überschaubare Welt voraus, die im Atomzeitalter nicht mehr gegeben sei. Er will nicht „allzu billig" Trost spenden, vielmehr „mit dem Abenteuer die Wahrheit sagen", sein Publikum „ärgern", will „grotesk sein aus der Notwendigkeit heraus, tendenziös und künstlerisch zugleich aufzutreten". Er weiß „um das Absurde dieser Welt", verzweifelt aber nicht, „denn wenn wir auch wenig Chancen haben, sie zu retten — es sei denn, Gott sei uns gnädig —, bestehen können wir sie immer noch". So hält er in einfallsreichen Farcen und parodistischen Fabeln, stofflich der Moritat und Räuberpistole verwandt, formal vom Lyrischen bis zum Kabarettistischen gespannt, dem Zeitgenossen mit beizendem Humor, Witz und Zynismus den Weltspiegel vor, daß dessen Gewissen geweckt werde. Dürrenmatts provozierendes Weltanschauungstheater, das etwas Kafka, etwas Grand Guignol enthält, mitunter allzu doppelbödig und illusionszerstörerisch sei und weniger „Menschen mit Fleisch und Blut" als mehr demonstrativ phantomische Modellfiguren zur Exemplifikation der Welt vorführt, ist zugleich leidenschaftlich begrüßt wie abgelehnt worden, hat aber Europa erobert. Schon der umstrittene Erstling ‚Es steht geschrieben' (Tragikomödie, 1947) mit 41 Rollen, ein ironisch skeptischer Bilderbogen aus der münsterischen Schreckensherrschaft der Wiedertäufer, brachte Dürrenmatt in den Ruf eines „unbequemen Zeitgenossen". Er entblößt hier den Menschen unserer Zeit im historischen Bild ebenso wie im Drama ‚Der Blinde' (1947), dessen Titelfigur, ein greiser Herzog, während des Dreißigjährigen Krieges Objekt des teuflischen Spieles eines Nihilisten wird, aber im Glauben Sieger bleibt. In der leichteren „ungeschichtlichen historischen Komödie" bzw. späteren „komischen Tragödie" ‚Romulus der Große' (1949; zweite Fassung 1957; ursprünglich Hsp.) verulkt Dürrenmatt sarkastisch die Staatsraison am Beispiel des letzten römischen Kaisers, der hühnerzüchtend das Imperium liquidiert, weil man „das Vaterland weniger lieben soll als den Menschen". Unmittelbar die Zeitgenossen trifft die „leichenreiche" Komödie ‚Die Ehe des Herrn Mississippi' (1952; Neufassung 1957), Mischung aus Moritat, Panoptikum, moralischem Überbrettl und dramatischem Pamphlet (P. Alverdes), die Dürrenmatts Weltruf begründete. Drei Weltverbesserer, ein Staatsanwalt, der im Sinne der Wiedereinführung des Gesetzes Mosis seine ungetreue Ehefrau vergiftet hat, ferner ein Edelkommunist und ein heruntergekommener Tropenarzt, letzterer ein idealistischer Liebender, gehen darin zugrunde, auch eine Witwe, die lügenhafte Geliebte ähnlich der Lulu Wedekinds, die ihren Mann vergiftet hat und darum vom Staatsanwalt zu gemeinsamer „Sühne" zur Ehefrau genommen wird; lediglich ein brutaler Machtmensch überlebt, davon überzeugt, daß man „alles ändern" könne, „nur den Menschen nicht". Weniger moralisierende Zeitsatire als parodistische Phantasmagorie, ein Märchen und zugleich kabarettistisches Gleichnis ist die „Komödie" ‚Ein Engel kommt nach Babylon' (1953; Neufassung 1957), ausgezeichnet mit einem Anerkennungspreis der Stadt Bern; der tyrannische König Nebukadnezar, unfähig, der Macht zu entsagen und arm zu werden, verliert darum ein reines Mädchen, das von einem Engel auf die Welt gebracht worden war, an einen Bettler und attackiert mit dem Turmbau frevelhaft den Himmel. International erfolgreich war die „tragische Komödie" ‚Der Besuch der alten Dame' (1956; Uraufführung 1956 im Schauspielhaus Zürich), in der eine amerikanische Milliardärin in ihren verschuldeten Heimatort kommt und von den Einwohnern gegen ein Milliardenangebot ihren Jugendgeliebten, der sie schändete und verstieß, als Leiche fordert — und bekommt, nachdem die zunächst entrüstet ablehnenden Bürger Kredit auf das lebende Opfer aufgenommen und dieses schließlich aus „moralischen" Beweggründen töten. „Man mordet oft, ohne es zu wissen", heißt es im Hörspiel ‚Die Panne' (1956), — ausgezeichnet mit dem Hörspielpreis der Kriegsblinden 1956 — als „eine noch mögliche Geschichte" (1956) auch in Prosa gefaßt: ein Textilvertreter gerät anläßlich einer Autopanne in einem fremden Haus, in dem ein pensionierter Richter, ein früherer Rechtsanwalt und ein Staatsanwalt „Gericht" spielen, unversehens in die Rolle des Angeklagten, dem die Mitschuld am frühen Tod seines ehemaligen Chefs, dessen Posten er jetzt bekleidet, bewußt gemacht wird. Dürrenmatts avantgardistische kafkaeske Prosa aus den Jahren 1943/52 unter dem Titel ‚Die Stadt. Prosa I–IV' (1952) gibt Sinn- und Urbilder des Menschen über dem Abgrund: „Gott ließ uns fallen und so stürzen wir denn auf ihn zu". Dürrenmatts Kriminalromane ‚Der Richter und der Henker' (1952; Hörspiel 1957): der Mord an einem Polizeioffizier wird aufgedeckt, ‚Der Verdacht' (1953): ein Arzt, der in der Hitlerzeit eine verhängnisvolle Doppelrolle gespielt hat, wird entlarvt, und der Anti-Kriminalroman ‚Das Versprechen' (Requiem auf den Kriminalroman, 1958), hervorgegangen aus dem Stoff des psychologischen Kriminalfilms um einen Kindermord ‚Es geschah am hellichten Tage' (1958), stehen in der Tradition der literarischen Kriminalgeschichte. ‚Grieche sucht Griechin' (1955) ist eine amüsante zeitkritische „Prosakomödie" eines schüchternen Unterbuchhalters Archolochos, der sich als Grieche fühlt und unversehens zum Generaldirektor aufsteigt, als er die vermeintlich engelreine Chloe gewonnen hat, die sich erst vor dem Altar, zu spät, als stadtbekannte Kurtisane herausstellt.

(Franz Lennartz)

In der Komödie „Die Physiker" (1962) brandmarkt Dürrenmatt den Griff der Großmächte nach atomaren Vernichtungsmitteln und kennzeichnet die Last der Verantwortung, die auf Forschern und Erfindern ruht; aber nicht einmal in der Abgeschiedenheit eines Irrenhauses sind sie vor einer heimtückischen Auswertung ihrer Forschungen durch eine vom Wahnsinn besessene, machtgierige Welt sicher. Ein großer Bühnenerfolg war die 1966 im Züricher Schauspielhaus uraufgeführte, sich an die klassischen Regeln der drei Einheiten haltende, äußerst konzentrierte Komödie „Der Meteor", in der Dürrenmatt die Thematik des Wunders der Auferstehung behandelt. Das 1969 in Basel aufgeführte „Play Strindberg" ist eine Version von Strindbergs „Totentanz", aber dennoch ein völlig eigenständiges Stück, grotesk und diabolisch in echt Dürrenmattscher Manier, das das Leben als eine höllische Absurdität kennzeichnet. Als nächste Uraufführung folgte das „Porträt eines Planeten", das von kosmischen Vorgängen berichtet: „Die einzige Handlung besteht darin", sagt Dürrenmatt, „daß es immer heißer wird. Am Schluß findet die Explosion der Sonne statt."

1.1 DAS SATYRSPIEL VOR DER TRAGÖDIE

Dieses Schweizer „enfant terrible" des Theaters ist eine wunderliche Mixtur aus Wedekind und Cocteau, aus Pirandello und Brecht, aus Grabbeschem Feuer und dem Galgenvogelgeist eines Jonathan Swift. Dürrenmatt, 1921 in Konolfingen im Kanton Bern geboren, Philosophiestudent in Bern und Zürich, eine Zeitlang Theaterkritiker der Züricher „Weltwoche", leidenschaftlicher Schreiber von Kriminalromanen, verfaßt seit 1946 im seelenruhigen Neuchâtel Theaterstücke. Von dort wirft er seine szenischen Brand- und Sprengbomben. 1947 wird im Schauspielhaus Zürich „Es steht geschrieben", eine diskussionssatte dramatische Pionierübung um die Wiedertäufer von Münster, uraufgeführt. 1948 wagt sich Basel an den „Blinden", eine symbolträchtige Paraphrase um eine Jobnatur, 1949 wird „Romulus der Große" — eine Parodie auf die Staatsraison — gespielt. 1952 folgt an den Münchner Kammerspielen die „Bürgerschreck-Komödie", die ganz in den Witz hineingehängt ist und „Die Ehe des Herrn Mississippi" heißt. Dürrenmatt überbietet die surrealistischen Stilmittel: Er nennt eine Komödie eine existentielle Tragödie, in der fast keiner mehr mit dem Leben davonkommt. Das denkspielerische Stück mit kühnen Saltos und dauernden Bluffs markiert den Autor genau: Dürrenmatt will das Parkett wieder aufmöbeln, will das Publikum nicht belustigen, aber auch nicht ärgern und schon gar nicht vor ihm beichten. Seine jüngste Confessio ist vielmehr: „Die vorhandene Welt enthält mich, sie ist unendlich mir gegenüber, unkontrollierbar zu ihrem unermeßlich größten Teil, sie spielt mit mir, während ich mit einer Welt, die ich erschaffe, selber spiele und sie selber kontrolliere." 1954 wird das schon in „Ein Engel kommt nach Babylon" deutlich — und faszinierend klar in „Der Besuch der alten Dame" (1956). Ein bizarres, burleskes Stück, zwischen dramatischer Zügellosigkeit und Ordnungsstrenge — ein echter Dürrenmatt, der schon im „Nächtlichen Gespräch mit einem verachteten Zeitgenossen" die Vorbilanz dieser tragischen Komödie zog. In dem Bändchen „Theaterprobleme" hat der ungemütliche Wahrheiten teuer verkaufende Autor erklärt: „Heute sind die tragischen Helden ohne Namen. Mit einem kleinen Schieber, einem Kanzlisten oder Polizisten läßt sich die heutige Welt besser wiedergeben als mit einem Bundesrat oder Bundeskanzler. Die Kunst dringt nur noch bis zu den Opfern vor — die Mächtigen erreicht sie nicht mehr." Darum schreibt Dürrenmatt Grotesken der Zeit — tragisch, schreckhaft, schauerlich — mit der Fähigkeit, den Sprengstoff zu dosieren. Sein neues Werk „Die Physiker" (1962) ist eine weitere Bestätigung seiner These, daß unserer Zeit nur noch die Komödie angemessen sei. Dürrenmatt verfügt über eine geistige Überlegenheit, die einem fortgeschrittenen Zustand unserer Bedrohung entspricht. Er hat keine Tragödie, sondern „das Satyrspiel vor der Tragödie" geschrieben. Die Politiker, die den Amoklauf gegen die Menschheit auf dem Gewissen haben, bleiben bei ihm im Hintergrund, der Blick richtet sich auf die von ihnen erpreßten Forscher. In drei Typen des unter die Räder der Politik geratenen Wissenschaftlers spiegelt sich sinnbildlich die gegenwärtige Weltlage, vor allem aber die moralische Zertrümmerung des heutigen Menschen. Das dramatisch kaum darstellbare Thema gewinnt für Dürrenmatt Gestalt, indem er die Vision des Furchtbaren in die tragikomische Sicht des Irrenhauses verpflanzt. So entlarvt sich die zum Verbrechen entartete Geheimwissenschaft der Physik als der Totentanz aller Begriffe und Phrasen, mit denen wir den angeblich in Freiheit und Anstand lebenden Zeitgenossen den Untergang bereiten.

1.2 FRIEDRICH DÜRRENMATT:

1921   Geboren am 5. Januar in Konolfingen (Bern), wo sein Vater protestantischer Pfarrer war. Besuch der Primarschule in Konolfingen und hierauf der Sekundarschule im nahegelegenen Großhöchstetten.

1935   Übersiedlung der Familie nach Bern, wo der Vater Pfarrer an der Salemkirche wird. Besucht hier zweieinhalb Jahre lang das Freie Gymnasium und dann bis zur Maturitätsprüfung das Humboldtianum.

1941   Studiert ein Semester in Zürich und später wieder in Bern Philosophie, Literatur und Naturwissenschaften. Liest Kierkegaard, Aristophanes und expressionistische Dichter wie Georg Trakl und Georg Heym. Zeichnet viel und schreibt Theaterstücke, wie zum Beispiel die im Herbst 1943 im Wallis entstandene apokalyptische „Komödie", die jedoch nie veröffentlicht oder gespielt wurde.

1946—48 Lebt in Basel und versucht sich als freier Schriftsteller durchzubringen. Schreibt sein erstes Theaterstück, das aufgeführt werden soll; das Wiedertäuferdrama „Es steht geschrieben".

1947   Heiratet die frühere Schauspielerin Lotti Geißler. Kurz danach, am 19. April, erfolgt die Uraufführung von „Es steht geschrieben" im Schauspielhaus Zürich.

1948—52 Lebt in der „Festi" in Ligerz, einem Dorf am Bieler See.

1952   Bezieht ein Haus in Neuenburg, über dem See gelegen, wo er seither mit seiner Frau und seinen drei Kindern Peter, Barbara und Ruth wohnt.

1952-53 Dürrenmatt veröffentlicht die Kriminalromane „Der Richter und sein Henker" und „Der Verdacht".

1955   Durchbruch zur Weltgeltung als Bühnenautor mit der Komödie „Der Besuch der alten Dame".

1958	Anti-Kriminalroman „Das Versprechen".
1960	Großer Preis der schweizerischen Schiller-Stiftung in Zürich.
1962	Theatererfolg der Komödie „Die Physiker".
1964	Rußlandreise.
1969–70	Reise in die USA.
1971	Satirischer Roman: „Der Sturz"
1971-72	Dramaturgischer Berater am Zürcher Schauspielhaus.
1972-73	Mißerfolge der Dramen „Portrait eines Planeten", „Titus Andronicus", „Der Mitmacher".
1977	Ehrenpromotionen in Jerusalem und Nizza.
1969–77	Praktische Theaterarbeit als künsterischer Berater und Regisseur.
1978	Rückzug aus der Theaterarbeit wegen dauernder Auseinandersetzungen und Mißerfolge seiner Stücke.
1981	60. Geburtstag. Ehrendoktor der Universität Neuchâtel.
1983	Tod seiner Frau Lotti Geißler nach 36jähriger Ehe. Ehrendoktor der Universität Zürich. Uraufführung der Komödie „Achterloo" im Schauspielhaus Zürich.
1984	Heirat mit der Schauspielerin Charlotte Kerr.
1985	Reise nach Ägypten.
1986	Novelle: „Der Auftrag oder Vom Beobachten des Beobachters der Beobachter." Georg-Büchner-Preis. Dritte Fassung der Komödie „Achterloo".
1989	„Durcheinandertal". Roman. Turmbau-Stoffe IV-IX".
1990	Friedrich Dürrenmatt stirbt am 14. Dezember an den Folgen eines Herzinfarkts in seinem Haus in Neuchâtel.

1.3 ENTSTEHUNGSDATEN DER WERKE FRIEDRICH DÜRRENMATTS

1946	Es steht geschrieben (Uraufgeführt am 19. April 1947 im Schauspielhaus Zürich)

1947	Der Blinde	
	(Uraufgeführt am 10. Januar 1948 im Stadttheater Basel)	
1948	Romulus der Große	
	(Uraufgeführt am 25. April 1949 im Stadttheater Basel)	
1950	Die Ehe des Herrn Mississippi	
	(Uraufgeführt am 26. März 1952 in den Münchner Kammerspielen)	
1953	Ein Engel kommt nach Babylon	
	(Uraufgeführt am 22. Dezember 1954 in den Münchner Kammerspielen)	
1954	Herkules und der Stall des Augias	
1955	Grieche sucht Griechin	
	Der Besuch der alten Dame	
	(Uraufgeführt am 29. Januar 1956 in Schauspielhaus Zürich)	
1958	Frank der Fünfte, Oper einer Privatbank	
	(Uraufgeführt am 19. März 1959 im Schauspielhaus Zürich)	
	Abendstunde im Spätherbst	
	(Utopische Komödie in einem Akt zur Phänomenologie des Schriftstellers)	
1962	Die Physiker	
	Eine Komödie in zwei Akten	
	(Uraufgeführt am 20. Februar 1962 im Schauspielhaus Zürich)	
1965	Der Meteor	
	Eine Komödie	
	(Uraufgeführt am 21. Januar 1966 im Schauspielhaus Zürich)	
1967	Die Wiedertäufer	
	(Umgearbeitete Fassung von „Es steht geschrieben")	
	(Uraufführung am 16. März 1967 im Schauspielhaus Zürich)	
1968	König Johann	
	(Bearbeitung nach Shakespeare)	
	(Uraufführung am 18. September 1968 im Stadttheater Basel)	
1969	Play Strindberg	
	(Nach Strindbergs „Ein Totentanz")	
	(Uraufführung am 8. Februar 1969 im Stadttheater Basel)	

1970	**Titus Andronicus** (Bearbeitung nach Shakespeare) (Uraufführung am 12. Dezember 1970 im Schauspielhaus Düsseldorf)
1970	**Porträt eines Planeten** **Komödie** (Uraufführung im Schauspielhaus Düsseldorf am 8. November 1970)
1973	**Der Mitmacher** **Eine Komödie** (Uraufführung im Schauspielhaus Zürich am 8. März 1973)
1977	**Die Frist** **Eine Komödie** (Uraufführung am 10. Oktober 1977 im Schauspielhaus Zürich)
1979	**Die Panne** **Komödie** Bühnenbearbeitung der Erzähung ,,Die Panne" (Uraufführung am 13. September 1979 im Komödienhaus Wilhelmsbad/Hanau) "Stoffe" I - III
1980	Das Versprechen/Aufenthalt in einer kleinen Stadt, Erzählungen Der Sturz Erzählungen
1983	Achterloo Eine Komödie
1985	Justiz Kriminalroman Minotaurus Eine Ballade (Mit Zeichnungen des Autors)
1986	Der Auftrag oder Vom Beobachten des Beobachters der Beobachter Eine Novelle
1989	Durcheinandertal Roman Turmbau-Stoffe IV-IX

Der Besuch der alten Dame

2. GANG DER HANDLUNG

2.1 ERSTER AKT

Die Handlung spielt auf dem Bahnhof der imaginären Kleinstadt Güllen. Die Stadt selbst, die im Hintergrund des Bühnenbildes angedeutet ist, ist ruiniert und zerfallen. Auch das Bahnhofsgebäude ist verwahrlost. Ein halbzerrissener Fahrplan hängt an der Mauer, das Stellwerk ist verrostet, alles deutet darauf hin, daß der Durchgangsverkehr sehr dürftig ist. Vier Männer sitzen vor einem Toilettenhäuschen, ein fünfter, unbeschreiblich verwahrlost, malt mit roter Farbe ein Transparent: ,,Willkommen Kläri!" Es wird also jemand erwartet. Ein Expreßzug rast donnernd vorbei. In Güllen hält kein D-Zug mehr.

Die fünf Männer unterhalten sich über die vorbeifahrenden Züge: die ,,Gudrun" von Hamburg nach Neapel, der ,,Rasende Roland" von Venedig nach Stockholm. Vor fünf Jahren hielten sie noch in Güllen, ebenso wie der ,,Diplomat" und die ,,Loreley", alles Expreßzüge von Bedeutung. Heute halten nicht einmal die Personenzüge, nur die beiden Nahzüge aus Kaffingen und der Einuhrdreizehn aus Kalberstadt. Güllen hat seine Bedeutung verloren. Güllen ist ruiniert. Die Wagnerwerke sind zusammengekracht, Bockmann ist bankrott, die Platz-an-der-Sonnehütte ist eingegangen. Es ist kein Leben mehr, nur noch ein Vegetieren und Krepieren. Güllens Ruhm ist dahin, obwohl Goethe hier übernachtete, Brahms hier ein Quartett komponiert und Berthold Schwarz hier das Pulver erfunden hat.

Jetzt kann nur noch die Milliardärin helfen. Sie besitzt die Armenian-Oil, die Western Railways, die North Broadcasting Company und das Hongkonger Vergnügungsviertel. In Kalberstadt soll sie ein Spital gestiftet haben, in Kaffingen eine Kinderkrippe und in der Hauptstadt eine Gedächtniskirche. Sie muß die Helferin in der Not sein. Sie wird dringend erwartet.

Der Bürgermeister erscheint und teilt mit, daß die alte Dame mit dem Einuhrdreizehn von Kalberstadt kommt. Das Programm für ihren Empfang wird festgelegt. Der gemischte Chor singt, die noch nicht versetzte Feuerglocke bimmelt, auf dem Marktplatz bläst die Stadtmusik, der Turnverein bildet eine Pyramide zu Ehren der Milliardärin. Dann ein Essen im „Goldenen Apostel". Zur Beleuchtung des Münsters und des Stadthauses, das soeben gepfändet wird, reichen die Finanzen nicht aus. Der Pfändungsbeamte sucht nach Dingen, die noch gepfändet werden können. Außer einer alten Schreibmaschine sei nichts mehr vorhanden, stellt der Bürgermeister fest. Er beanstandet die Plakatinschrift: „Willkommen Kläri!" Es müsse „Willkommen Claire Zachanassian!" heißen, obwohl die alte Dame Kläri Wäscher und hier in Güllen aufgewachsen sei. Der Maler beschließt, „Willkommen Claire Zachanassian!" auf die Hinterseite des Plakats zu schreiben, um es je nach Bedarf verwenden zu können. Inzwischen braust der „Börsianer" Zürich–Hamburg vorbei, so pünktlich, daß man die Uhr nach ihm stellen könnte. Aber niemand mehr hat hier noch eine Uhr. Nur die Milliardärin kann noch helfen. Ill war mit ihr befreundet. Er berichtet von seiner Jugendfreundschaft mit ihr. Der Bürgermeister forscht nach einzelnen Details, die er für seine Rede beim Essen im „Goldenen Apostel" verwenden will. Der Lehrer hat die alten Schulzeugnisse eingesehen, leider waren Claires Noten früher sehr schlecht, herzlich schlecht. Auch ihr Betragen war schlecht, nur in den Pflanzen- und Tierkunde war sie genügend. Der Bürgermeister ist für diesen Hinweis dankbar. Als einst ein Vagabund von einem Polizisten abgeführt wurde, bewarf Claire diesen mit Steinen. Der Bürgermeister notiert sich: Gerechtigkeitsliebe, will aber den Polizisten unterschlagen. Claire stahl auch Kartoffeln für eine arme Witwe, zeigte also Wohltätigkeitssinn. Diese Hinweise, vor allem der auf ihre Wohltätigkeit, genügen dem Bürgermeister für seine Rede. Das übrige muß Ill tun: er soll die Milliardärin dazu bringen, ihre Millionen herauszurücken. Man schmeichelt Ill: er soll Bürgermeister werden.

Der Bürgermeister erklärt, wie er die alte Dame empfangen will: In feierlichem Schwarz, neben ihm seine Gattin, vor ihm rosenstreuende Enkelkinder. Inzwischen braust der „Rasende Roland" vorbei: Venedig–Stockholm. Aber er braust nicht vorbei! Die Bremsen kreischen, wider Erwarten hält der Zug, der sonst nie hier hält. Alle sind maßlos erstaunt.

Diesem Zug entsteigt, zur grenzenlosen Überraschung aller Güllener, Claire Zachanassian, die alte Dame, die Milliardärin. Sie ist dreiundsechzigjährig, rothaarig, trägt Perlenhalsband und riesige goldene Armringe, sie sieht aufgedonnert, unmöglich aus, aber gerade darum wieder eine Dame von Welt mit einer seltsamen Grazie, trotz allem Grotesken. Hinter ihr erscheint ihr Gefolge, der Butler Boby, etwa achtzig Jahre alt, mit schwarzer Brille, dann ihr Gatte Nummer VII, eine große, schlanke Erscheinung mit kompletter Fisch-Ausrüstung. Der aufgeregte Zugführer begleitet die Gruppe.

Claire Zachanassian, die alte Dame, die Milliardärin, fragt, ob hier Güllen sei. Der Zugführer wirft ihr vor, sie habe die Notbremse gezogen, worauf Claire entgegnet, daß sie immer Notbremsen ziehe. Er weist sie darauf hin, daß sie in Kalberstadt hätte umsteigen und mit dem Personenzug nach Güllen weiterfahren müssen. Das Ziehen der Notbremse würde sie teuer zu stehen kommen. Zum Erstaunen aller Anwesenden und des Zugführers befiehlt Claire Zachanassian ihrem Butler, dem Zugführer einen Tausender und weitere dreitausend für die Stiftung zugunsten der Eisenbahnerwitwen zu überreichen. Als der Zugführer erwidert, es gäbe keine derartige Stiftung, befiehlt sie ihm, eine zu gründen. Der Zugführer will die viertausend zurückgeben; er habe nicht gewußt, daß die alte Dame Frau Zachanassian sei; sie aber bittet ihn, die ,,Kleinigkeit" zu behalten. Dann braust der ,,Rasende Roland" wieder davon, nachdem Frau Zachanassian den Vorschlag des Zugführers, auf sie warten zu wollen, bis sie die Stadt Güllen besichtigt habe, abgewiesen hat.

Inzwischen herrscht große Aufregung unter den Güllenern. Natürlich ist durch das unerwartete, vorzeitige Eintreffen der Milliardärin das Empfangsprogramm über den Haufen geworfen worden. Weder der gemischte Chor noch die Jugendgruppe, weder die Kunstturner noch die Feuerwehr sind anwesend. Dem Bürgermeister fehlen sein schwarzer Rock, sein Zylinder, seine Gattin und Enkelkinder. Wenigstens sein Rock wird ihm schnellstens gebracht. Während der ,,Rasende Roland" abfährt und die Inschrift ,,Willkommen Claire Zachanassian" in die Höhe gehoben wird, beginnt der Bürgermeister mit seiner Rede, die aber im allgemeinen Lärm völlig untergeht. Danach tritt III auf die Milliardärin zu. Sie begrüßen sich, gedenken vergangener Zeiten und tauschen Erinnerungen aus. Die Milliardärin bittet III, er möge sie so nennen, wie er sie immer genannt hat: Mein Wildkätzchen, mein Zauberhexchen. Sie nannte ihn früher: Mein schwarzer Panther. Auf seine Entgegnung, das sei er immer noch, entgegnete sie schroff: Unsinn, er sei fett geworden, grau und versoffen — und sie nicht minder alt und fett. Außerdem habe sie bei einem Autounfall ihr linkes Bein eingebüßt und trage jetzt eine Prothese.

Sie stellt III ihren siebenten Gatten vor. Währenddessen haben sich der gemischte Chor und die Jugendgruppe eingefunden und bieten unter Leitung des Rektors des Güllener Gymnasiums ein Volkslied dar. Der Bürgermeister stellt seine beiden Enkelkinder vor, nur die Gattin fehlt. Auch der Pfarrer wird vorgestellt. Frau Zachanassian möchte nun Güllen besichtigen. Man versucht, den alten Wagen des Arztes herbeizuschaffen, aber Frau Zachanassian benutzt seit ihrem Autounfall nur noch ihre Sänfte. Roby und Toby, zwei herkulische, kaugummikauende Monstren, tragen sie in die Stadt. Der Bürgermeister gibt ein Zeichen, alle brechen in Hochrufe aus, die sich allerdings dämpfen, als zwei Dienstmänner einen kostbaren schwarzen Sarg hinterhertragen. Während die Bevölkerung sich dem Sarg anschließt und die Zofen der Frau Zachanassian mit ihrem Gepäck und zahllosen Koffern hinterherziehen, ertönt endlich die Feuerglocke.

Zwei kleine dicke, alte Männer, die sich an der Hand halten und sorgfältig gekleidet sind, Koby und Loby, folgen dem Zug mit den Worten: „Wir sind blind, wir sind blind." Den Polizisten, der sich über sie wundert, belehren sie: er würde schon merken, wer sie sind. Er geht mit den beiden in die Stadt hinein.

— — —

Nach einer Verwandlung ohne Vorhang sieht man das Innere des Gasthofs „Zum goldenen Apostel". Untergegangener Luxus: alles ist verschlissen, verstaubt, zerbrochen, verstunken, vermodert. Der Gips bröckelt ab. Eine endlose Prozession von Kofferträgern schleppt einen Käfig und zahllose Koffer herein. In dem Käfig befindet sich ein schwarzer Panther. Weltberühmte Damen haben ihre Marotten, stellt der Bürgermeister fest. Er meint, Ill habe die alte Dame im Sack. Ill habe sie Wildkätzchen, Zauberhexchen genannt, er würde Millionen aus ihr schöpfen. Nur so könne Güllen saniert werden. Nur so könne Güllen wieder in Schwung kommen. Man stößt auf Ill an, der Güllen retten wird.

— — —

Neue Verwandlung ohne Vorhang. Wir sind im Konradsweilerwald. Bürger markieren die Bäume: Fichten, Föhren, Buchen, Tannen, den Efeu, die Fliegenpilze, die scheuen Rehe. Der erste steht auf einer Bank, hat ein großes Kartonherz umgehängt mit den Buchstaben AK. Claire Zachanassian und Ill wandeln daher, betrachten den Wald, erkennen das Herz mit den Initialen ihrer Namen. Andere Stätten ihrer Erinnerung tauchen auf: „Auf diesem Findling küßten wir uns", bemerkt Claire. „Ich war Siebzehn", sagt sie, „und du noch nicht Zwanzig. Dann hast du Mathilde Blumhard geheiratet mit ihrem Kleinwarenladen und ich den alten Zachanassian mit seinen Milliarden aus Armenien. Er fand mich in einem Hamburger Bordell."

III gibt vor, Mathilde Blumhard nur geheiratet zu haben, damit Claire ihr Glück machen solle. Er selber aber sei in einer verzweifelten Lage, eine verkrachte Existenz, unglücklich verheiratet und kaum je aus Güllen herausgekommen. Lauernd fragt er, ob Claire ihm und dem Städtchen ihrer Jugend nun helfen wolle. Sie hätten Millionen nötig. Als Claire entgegnet, daß dies wenig sei, schlägt III ihr gerührt auf den linken Schenkel, zieht aber seine Hand sofort schmerzerfüllt zurück. Er hat auf das Scharnier ihrer Prothese geschlagen. Während die Bürger, welche die Bäume markieren, nun das Klopfen eines Spechts und das Rufen des Kuckucks nachahmen, gesteht III Claire seine Liebe und küßt ihre kühle, weiße rechte Hand, muß sich aber von ihr belehren lassen, daß auch diese nur eine Prothese (aus Elfenbein) sei. Er läßt daraufhin entsetzt ihre Hand fahren.

— — —

Wir befinden uns im großen Saal des Gasthofs „Zum goldenen Apostel". Feierliche Blasmusik ertönt. Die Güllener tragen Tische, die mit entsetzlich zerfetzten Tischtüchern bedeckt sind, herein. Speisen werden aufgetragen. Das Festessen beginnt. Der Beifallssturm gilt der Milliardärin Claire Zachanassian, die neben III an einem Tisch Platz genommen hat. Der Bürgermeister stellt ihr seine Frau, Frau III, den Arzt Doktor Nüßlein vor. Claire Zachanassian schockiert alle durch peinliche Fragen und bittet dann die Turner, ihr etwas vorzuturnen. Während III Claires Bonmots und ihren goldenen Humor gebührend bewundert, sagt der Arzt, daß ihm ihre Späße durch Mark und Bein gingen. Er hat wohl das Makabre ihrer Bemerkungen herausgehört. Man wartet nur noch auf den Gatten der Milliardärin; aber dieser angelt, erklärt sie, und außerdem ließe sich — was er noch gar nicht wisse — von ihm scheiden und heirate einen deutschen Filmschauspieler. Sie möchte im Güllener Münster getraut werden.

Nachdem sich alle gesetzt haben, beginnt der Bürgermeister, der schon die Serviette umgebunden hat, seine Festrede. Sie hat folgenden Wortlaut:

„Gnädige Frau, meine lieben Güllener! Es sind jetzt fünfundvierzig Jahre her, daß Sie unser Städtchen verlassen haben, welches vom Kurfürsten Hasso dem Noblen gegründet, so freundlich zwischen dem Konradsweilerwald und der Niederung von Pückenried eingebettet liegt. Fünfundvierzig Jahre, mehr als vier Jahrzehnte, eine Menge Zeit. Vieles hat sich inzwischen ereignet, viel Bitteres. Traurig ist es der Welt ergangen, traurig uns. Doch haben wir Sie, gnädige Frau — unsere Kläri (Beifall) nie vergessen. Weder Sie, noch Ihre Familie.

Die prächtige, urgesunde Mutter (III flüstert ihm etwas zu), leider allzufrüh von einer Lungenschwindsucht dahingerafft, der volkstümliche Vater, der beim Bahnhof ein von Fachkreisen und Laien stark besuchtes (III flüstert ihm etwas zu) stark beachtetes Gebäude (eine Bedürfnisanstalt) errichtete, leben in Gedanken noch unter uns, als unsere besten, wackersten. Und gar Sie, gnädige Frau — als blond (III flüstert ihm etwas zu) rotgelockter Wildfang tollten Sie durch unsere leider nun verlotterten Gassen — wer kannte Sie nicht? Schon damals spürte jeder den Zauber Ihrer Persönlichkeit, ahnte den kommenden Aufstieg zu der schwindelnden Höhe der Menschheit. (Er zieht das Notizbüchlein hervor.) Unvergessen sind Sie geblieben. In der Tat. Ihre Leistung in der Schule wird noch jetzt von der Lehrerschaft als Vorbild hingestellt, waren Sie doch besonders im wichtigsten Fach erstaunlich, in der Pflanzen- und Tierkunde, als Ausdruck Ihres Mitgefühls zu allem Kreatürlichen, Schutzbedürftigen. Ihre Gerechtigkeitsliebe und ihr Sinn für Wohltätigkeit erregte schon damals die Bewunderung weiter Kreise. (Riesiger Beifall.) Hatte doch unsere Kläri einer armen alten Witwe Nahrung verschafft, indem sie mit ihrem mühsam bei Nachbarn verdienten Taschengeld Kartoffeln kaufte und sie vor dem Hungertod bewahrte, um nur eine ihrer barmherzigen Handlungen zu erwähnen. (Riesiger Beifall.) Gnädige Frau, liebe Güllener, die zarten Keime so erfreulicher Anlagen haben sich denn nun kräftig entwickelt, aus dem rotgelockten Wildfang wurde eine Dame, die die Welt mit ihrer Wohltätigkeit überschüttet, man denke nur an ihre Sozialwerke, an ihre Müttersanatorien und Suppenanstalten, an ihre Künstlerhilfe und Kinderkrippen, und so möchte ich der nun Heimgefundenen zurufen: Sie lebe hoch, hoch, hoch!"

Nach dieser Begrüßungs- und Festrede des Bürgermeisters erhebt sich Frau Zachanassian, um ihrerseits einige Worte zu sagen. Sie erwidert: „Bürgermeister, Güllener! Eure selbstlose Freude über meinen Besuch rührt mich. Ich war zwar ein etwas anderes Kind, als ich nun in der Rede des Bürgermeisters vorkomme, in der Schule wurde ich geprügelt, und die Kartoffeln für die Witwe Boll habe ich gestohlen, gemeinsam mit III, nicht um die alte Kupplerin vor dem Hungertod zu bewahren, sondern um mit III einmal im Bett zu liegen, wo es bequemer war als im Konradsweilerwald oder in der Peterschen Scheune. Um jedoch meinen Beitrag an eure Freude zu leisten, will ich gleich erklären, daß ich bereit bin, Güllen eine Milliarde zu schenken. Fünfhundert Millionen der Stadt und fünfhundert Millionen verteilt auf jede Familie."

Nach diesen Worten Claire Zachanassians tritt Totenstille ein. Alle sind erstarrt. Es ist kaum zu fassen: eine Milliarde will die alte Dame der Stadt schenken. Alle werden reich sein. Ein unbeschreiblicher Jubel bricht aus. Die Güllener tanzen herum, die Turner turnen, Ill trommelt sich begeistert auf die Brust.

Aber da stellt die Milliardärin noch eine Bedingung. Nur unter dieser Bedingung ist sie bereit, Güllen die Milliarde zu schenken. Der Butler, seinerzeit Oberrichter Hofer in Güllen, verkündet die Bedingung: Frau Zachanassian bietet eine Milliarde, wenn das Unrecht wieder gutgemacht wird, das ihr vor fünfundvierzig Jahren in Güllen angetan wurde. Als Oberrichter Hofer hatte der Butler im Jahre 1910 in Güllen eine Vaterschaftsklage zu verhandeln. Claire Zachanassian, damals Klara Wäscher, hatte Herrn Ill angeklagt, der Vater ihres Kindes zu sein. Ill bestritt die Vaterschaft. Er hatte zwei Zeugen mitgebracht, die von ihm bestochen worden waren. Diese Zeugen, heute als Koby und Loby im Gefolge der Milliardärin, hießen damals Jakob Hühnlein und Jakob Sparr. Sie geben nun zu, damals geschworen zu haben, sie hätten mit Klara geschlafen. Es war aber ein Meineid, zu dem Ill sie verlockt hatte. Mit einem Liter Schnaps hatte er sie bestochen. Frau Zachanassian ließ die beiden Zeugen später suchen und fand den einen in Kanada, den anderen in Australien. Sie ließ sie kastrieren und blenden und stellte sie als Koby und Loby in ihr Gefolge ein. Das Kind starb nach einem Jahr, Klara Wäscher wurde eine Dirne.

Nun fordert sie Gerechtigkeit. Eine Milliarde für Güllen, wenn jemand Alfred Ill tötet.

Der Bürgermeister lehnt im Namen der Stadt Güllen, bleich, aber würdig, das Angebot ab. Lieber bleibe man arm als blutbefleckt. Unter riesigem Beifall stimmen die Güllener ihm zu.

2.2 ZWEITER AKT

Das Bühnenbild zeigt rechts im Vordergrund die Kleinwarenhandlung von Alfred Ill, im Hintergrund sieht man den Balkon des Gasthofs, in dem Claire Zachanassian logiert. Wir haben es im folgenden mit einer Parallelhandlung zu tun: den Vorgängen in Ills Laden entsprechen die Vorgänge auf dem Balkon im Hintergrund.

Ill steht im Laden und bedient Kunden. Seine Kinder verlassen ihn, um Arbeit zu suchen. Die Kunden Ills kaufen durchweg teurere Waren als bisher, aber sie lassen bei Ill alles anschreiben. Der Hofbauer kauft Zigaretten, die Frauen Weißbrot und Schokolade, Männer lassen sich Kognak einschenken und Tabak für die Pfeife geben. Ill muß alles anschreiben. Er ist darum besorgt, ob es auch bezahlt werden wird.

Ihm fällt auf, daß alle neue gelbe Schuhe tragen, auch der Polizist, der jetzt nur noch Pilsener Bier trinkt. Früher trank er das einheimische. Ill wundert sich, warum die Leute plötzlich überall Kredit haben und wie sie ihre Schulden bezahlen wollen.

Als künftiger Bürgermeister verlangt er die Verhaftung der Claire Zachanassian. Der Polizist macht Ill darauf aufmerksam, daß er die Dame höchstens anzeigen könne, ob sie dann verhaftet wird, darüber entscheide die Polizei. Was sie denn verbrochen habe? Ill entgegnet, sie fordere die Einwohner der Stadt auf, ihn zu töten. Das sei Anstiftung zum Mord. Anstiftung zum Mord, meint der Polizist, liege nur vor, wenn der Vorschlag, Ill zu ermorden, ernst gemeint sei. Er könne aber nicht ernst gemeint sein, weil der Preis von einer Milliarde übertrieben sei. Für einen Mord biete man tausend oder zweitausend, aber niemals eine Milliarde. Wenn er aber ernst gemeint sei, könne die Polizei diesen Vorschlag nicht ernst nehmen, sondern müsse die Dame für verrückt halten. Es liege also kein Grund zur Verhaftung vor.

Nichtsdestoweniger fühlt Ill sich bedroht. Der Polizist beruhigt ihn: Niemand wolle den Vorschlag ausführen. Die Kundgebung im „Goldenen Apostel" sei doch äußerst eindrucksvoll gewesen. Aber Ill hat Bedenken. Er bemerkt, daß seine Kunden bessere Milch, besseres Brot und bessere Zigaretten kaufen.

Inzwischen läßt sich Frau Zachanassian, auf dem Balkon sitzend, auf einer Gitarre armenische Volksweisen vorspielen. Sie frühstückt ausgiebig und raucht sündhaft teure Zigarren. Ihr achter Gatte, der Filmschauspieler, schlank, mit rotem Schnurrbart, leistet ihr im Morgenrock Gesellschaft. Ihr schwarzer Panther faucht. Er läuft im Salon herum. Frau Zachanassian empfängt die eingegangene Post. Eisenhower und Nehru haben zu ihrer neuen Vermählung gratuliert. Dann geht sie an ihre Geschäfte und befiehlt, die Dupon-Aktien zu kaufen.

In dem Gespräch mit dem Polizisten gibt Ill seiner Sorge Ausdruck, daß die Stadt Schulden mache. Mit den Schulden steige der Wohlstand. Mit dem Wohlstand die Notwendigkeit, ihn zu töten. Und so brauche, meinte er, die Dame nur auf dem Balkon zu sitzen, Kaffee zu trinken, Zigarren zu rauchen und zu warten. Ill bemerkt, daß der Polizist sogar einen neuen blitzenden Goldzahn im Munde hat; Ill bekommt es mit der Angst zu tun. Der Polizist aber entschuldigt sich: der Milliardärin sei das Schoßhündchen, der schwarze Panther, weggelaufen, man müsse ihn jagen.

Ill: „Mich jagt ihr, mich!"

— — —

Die nächste Szene spielt im Stadthaus. III hat eine Unterredung mit dem Bürgermeister. Der Bürgermeister spricht von der Pantherjagd. III sieht, daß der Bürgermeister eine sehr teure Zigarre, eine blonde Pegasus, raucht. Früher rauchte er Rößli fünf. Er trägt auch eine neue seidene Krawatte und neue gelbe Schuhe wie alle. III ist sehr beunruhigt. Er verlangt den Schutz der Behörde. Auf seinen Kopf sei eine Milliarde geboten. Der Bürgermeister bittet III, sich an die Polizei zu wenden. Das habe er schon getan, entgegnet III, im Munde des Polizeiwachtmeisters blitze ein neuer Goldzahn. Der Bürgermeister beruhigt III: „Sie vergessen, daß Sie sich in Güllen befinden. In einer Stadt mit humanistischer Tradition. Goethe hat hier übernachtet. Brahms ein Quartett komponiert. Diese Werte verpflichten." Aber während dieser Worte des Bürgermeisters wird eine neue Schreibmaschine, eine Remington, hereingebracht. III bittet erneut, die Milliardärin zu verhaften. Der Bürgermeister macht III darauf aufmerksam, daß er immerhin zwei Burschen zu einem Meineid angestiftet und ein Mädchen ins Elend gestoßen habe. Deswegen komme III auch als Bürgermeister nicht mehr in Betracht. Das müsse er ihm im Auftrag der Parteien sagen. Daß man den Vorschlag der alten Dame verurteile, bedeute nicht, daß man die Verbrechen billige, die zu diesem Vorschlag geführt haben. Für den Posten eines Bürgermeisters seien gewisse Forderungen sittlicher Natur zu stellen, die III nicht mehr erfülle. Das müsse er verstehen.

III weist nochmals darauf hin, daß er bedroht werde. Jeder hoffe, daß irgendeiner ihn töten werde, damit die Stadt in den Genuß der Milliarde komme. Er sehe überall neue Anschaffungen, sogar einen Plan für das neue Stadthaus, man spekuliere schon mit seinem Tod. Ja, man habe ihn schon zum Tode verurteilt!

– – –

III sucht voller Angst den Pfarrer in der Sakristei auf. Er sucht bei ihm Hilfe. Es gehe um sein Leben. Die Stadt bereite sich auf das Fest seiner Ermordung vor, und er krepiere vor Entsetzen. Der Pfarrer rät III zur Gewissenserforschung. Er möge sich um die Unsterblichkeit seiner Seele kümmern. Er möge den Weg der Reue gehen, es sei der einzige Weg, der ihm bliebe. Schließlich rät er III zu entfliehen, die Menschen seien schwach, er möge sie nicht in Versuchung führen, indem er weiter in Güllen bleibe.

– – –

Inzwischen erörtert Claire Zachanassian mit ihrem achten Gatten auf dem Balkon im Hintergrund die Vorbereitungen zu ihrer Hochzeit. Onassis, der Herzog und die Herzogin (von Monaco), Aga Khan, der ganze „Rivierakram" käme zu ihrer Hochzelt. Der achte Gatte beschwert sich darüber, daß Claire bei ihrem ersten gemeinsamen Frühstück Briefe ihrer ehemaligen Gatten liest. Außerdem sei in dem Städtchen nichts los, keine Größe, keine Tragik.

Plötzlich hört man Schüsse. Vor Ills Laden ist der entlaufene schwarze Panther erlegt worden. Claire Zachanassian befiehlt, einen Trauermarsch zu blasen.

— — —

Die letzte Szene des zweiten Aktes spielt auf dem Bahnhof. Die Bühne ist wie zu Beginn des ersten Aktes. Nur der Fahrplan an der Mauer ist neu, auch sind im Hintergrund einige Kräne zu bemerken sowie einige neue Dächer. Ill erscheint auf dem Bahnhof mit einem kleinen Köfferchen in der Hand. Wie zufällig kommen von allen Seiten Güllener hinzu. Ill will verreisen, nach Kalberstadt und dann weiter nach Australien. Der Bürgermeister betont, daß dies nicht nötig sei, Ill wäre hier am sichersten, niemand wolle ihn töten. Aber Ill bleibt mißtrauisch. Er bemerkt, daß alle neue Hosen tragen, daß alle immer reicher, wohlhabender werden.

Allmählich findet sich die Bevölkerung des ganzen Städtchens ein. Zugleich kommt ein imaginärer Zug, der Ill nach Kalberstadt bringen soll. Man wünscht ihm gute Reise und fordert ihn auf, einzusteigen. Man wünscht ihm viel Glück in Australien. Ill befürchtet, daß man ihm nicht Platz machen wird, daß man ihn zurückhalten wird. Er bittet wiederholt, daß man ihm Platz mache, daß man ihn einsteigen lasse. Aber die Angst lähmt Ill. Niemand hält ihn zurück, er selber bringt es nicht über sich, den abfahrenden Zug zu besteigen. Während der imaginäre Zug davonfährt, bedeckt Ill, von den Güllenern umgeben, sein Gesicht mit den Händen und bricht dann mit den Worten „Ich bin verloren!" zusammen.

2.3 DRITTER AKT

Die erste Szene des dritten Aktes spielt in der Peterschen Scheune. Claire Zachanassian sitzt unbeweglich im Brautkleid und Schleier in ihrer Sänfte. Rings um sie vermoderte Säcke. Riesige Spinnweben hängen von der Decke herab.

Claire Zachanassian hat sich nach ihrer Trauung im Güllener Münster, die sie sehr ermüdet hat, in die alte Scheune zurückgezogen: Geruch von Heu, Stroh und Wagenschmiere. Geräte, Mistgabel, Droschke, zerbrochener Heuwagen, Erinnerungen aus ihrer Jugendzeit. Es ist ein besinnlicher Ort für sie.

Der Arzt und der Lehrer nähern sich der alten Dame ehrerbietig. Alle sind beeindruckt von der erhebenden Hochzeit. Die ganze mondäne Welt war anwesend, die Finanzwelt, die Filmwelt. Sie sind jetzt abgerauscht in ihren Cadillacs, während die Braut sich hierher zurückgezogen hat und ihre Rechtsanwälte die Scheidung bereits eingereicht haben. Es ist ihre zweitkürzeste Ehe.

Der Arzt und der Lehrer kommen mit einem Anliegen. Die Güllener hätten sich allerlei Dinge angeschafft. Sie seien hoffnungslos verschuldet. Sie müßten jetzt ihre Schulden bezahlen. Sie flehen Frau Zachanassian an, die Platz-an-der-Sonnehütte, Bockmann und die Wagnerwerke zu kaufen und zu sanieren. Zu ihrer großen Überraschung müssen sie hören, daß Frau Zachanassian alle diese Werke bereits gekauft und stillgelegt hat. Stillgelegt, um die Güllener in ihre Hand zu zwingen. Der Lehrer fleht Frau Zachanassian erneut an, ihre Rachegelüste fahren zu lassen, die Güllener nicht zum Äußersten zu treiben, sondern Menschlichkeit walten zu lassen.

Claire Zachanassian antwortet: „Die Menschlichkeit, meine Herren, ist für die Börse der Millionäre geschaffen. Mit meiner Finanzkraft leistet man sich eine Weltordnung. Die Welt machte mich zu einer Hure, ich mache sie zu einem Bordell. Wer nicht blechen kann, muß hinhalten, will er mittanzen. Ihr wollt mittanzen. Anständig ist nur, wer zahlt, und ich zahle. Güllen für einen Mord, Konjunktur für eine Leiche. Los ihr beiden!"

Da Gatte Nummer neun angerückt ist, läßt sie sich in ihrer Sänfte wegtragen. Ratlos und bestürzt ziehen der Arzt und der Lehrer davon.

— — —

Auch in Ills Laden und Familie ist der Wohlstand „eingebrochen". Den Laden ziert eine neue Inschrift, innen stehen ein neuer blitzender Ladentisch, eine neue Kasse, kostbare Ware. An der Ladentür ein pompöses Geläute. Frau Ill steht hinter dem Ladentisch, proper gekleidet, und bedient. Ills Tochter pflegt jetzt Tennis zu spielen wie alle ihre Freundinnen, Ills Sohn hat sich einen Opel Olympia gekauft und Autofahren gelernt. Frau Ill ist im Besitz eines neuen Pelzmantels. Man beruhigt Ill, daß alle Schulden machen würden, daß seine Furcht lächerlich sei, die Sache würde sich friedlich arrangieren, ohne daß ihm ein

Haar gekrümmt werde. Klärchen ginge nicht aufs Ganze, sie habe ein gutes Herz.

Inzwischen sind auch Journalisten eingetroffen, um Ill und die Güllener zu interviewen. Man versucht, ihnen ausweichende Antworten zu geben. Nur der Lehrer will die Angelegenheit mit der alten Dame offen darlegen. Er wird aber niedergeschrien. Ein Maler, der Ills Bild in Öl gemalt hat, schlägt diesem das Bild über den Kopf. Ill selber lehnt die Hilfe des Lehrers ab. Er sieht ein, daß er kein Recht mehr habe. Er könne sich nicht mehr helfen, könne nicht mehr länger den Unschuldigen spielen. Er nimmt sein zerfetztes Bild in die Hand und betrachtet es nachdenklich. Der alte Ill hat ausgespielt.

Der Lehrer sagt ihm, daß man ihn töten würde. Er wisse es selber, jeder wisse es. Die Versuchung sei zu groß, die Armut zu bitter. Die Humanität breche zusammen. Auch er, der Lehrer, werde langsam zum Mörder. Deswegen fürchte er sich. Und er wisse auch, daß auch zu ihm wie zu allen eines Tages eine alte Dame kommen würde und daß mit allen geschehen würde, was jetzt mit Ill geschieht.

— — —

Der Bürgermeister sucht Ill auf. Er bringt ihm ein Gewehr. Er teilt ihm mit, daß heute abend eine Gemeindeversammlung im „Goldenen Apostel" stattfinden wird, bei der Ills Fall behandelt werden soll. Der Bürgermeister erkundigt sich, ob Ill bereit sei, den Urteilsspruch anzunehmen. Die Presse, der Rundfunk, das Fernsehen, die Filmwochenschau seien anwesend, man wolle aber so sprechen, daß nur die Eingeweihten den Sinn der Verhandlung verstehen. Die Presse soll dahin unterrichtet werden, daß Frau Zachanassian eine Stiftung errichten werde und Ill als ihr alter Jugendfreund diese Stiftung „vermittelt" habe.

Ill findet diesen Ausweg „sehr lieb".

Der Bürgermeister betont, daß man nicht ihm, sondern seiner kreuzbraven, ehrlichen Familie zuliebe so handle. Besser wäre es allerdings, wenn die Gemeindeversammlung gar nicht erst stattfinden müßte. Der Bürgermeister legt Ill nahe, sich vorher selber zu töten. Zu diesem Zweck brächte er das Gewehr. Er sagt: „Es wäre doch nun eigentlich Ihre Pflicht, mit Ihrem Leben Schluß zu machen, als Ehrenmann die Konsequenzen zu ziehen, finden Sie nicht? Schon aus Gemeinschaftsgefühl, aus Liebe zur Vaterstadt. Sie sehen ja unsere bittere Not, das Elend, die hungrigen Kinder..."

Aber Ill lehnt den Selbstmord ab. Er könne den Güllenern das Handeln nicht abnehmen. Er unterwerfe sich dem Urteil, aber die Güllener müßten vor ihrem Gewissen bestehen. Sie müßten nun seine Richter sein.

Der Bürgermeister nimmt achselzuckend das Gewehr wieder an sich. Voll makabrer Ironie ist das letzte Wort Ills, der dem Bürgermeister eine Zigarette anzündet: „Feuer, Herr Bürgermeister!"

— — —

Die nächste Szene schildert die imaginäre Autofahrt, die Ill mit seiner Familie unternimmt. Frau Ill trägt einen teuren Persianer, Ills Tochter ein neues Kleid, das aber keinen Vergleich mit ihrem neuen Abendkleid aushält. Ills Sohn steuert den Wagen und fährt mit Hundertzwanzig. Überall bemerkt man die Anzeichen des neuen Wohlstandes. Kaffee-Hodel läßt bauen, Bockmann und die Wagnerwerke werden in Betrieb gesetzt, die Platz-an-der-Sonnehütte soll vergrößert werden. Der Arzt hat jetzt einen Mercedes 300, der Hofbauer einen Volkswagen, Stocker einen Buick, mit dem er alle überholt. Ills Tochter studiert jetzt Französisch, Englisch und Literatur. Ills Sohn schneidet elegant die Kurven.

— — —

Ill hat ein letztes Gespräch mit Claire Zachanassian. Es findet im Konradsweilerwald statt, wo Claire Ill zufällig trifft. Claire stellt Ill ihren neunten Gatten vor, einen Nobelpreisträger. Er sei besonders eigenartig, wenn er nicht denken würde. Sie fordert ihren neunten Gatten auf, nicht zu denken. Er tut es. Jetzt sieht er aus wie ein Diplomat, bemerkt Claire Zachanassian. Dann beauftragt sie ihren Gatten, forschen zu gehen. Nach der historischen Ruine.

Ill und Claire tauschen Jugenderinnerungen aus. Ill fragt nach dem verstorbenen Kind, nach seinem und Claires Kind. Dann bittet Claire Ill, zu berichten, wie sie war, als er sie liebte. Zur Untermalung wird auf der Gitarre das Lied „O Heimat süß und hold" gespielt.

Ill dankt Claire für die Kränze und Blumen auf dem Sarg im „Goldenen Apostel". Er sagt Claire, daß heute sich die Gemeinde versammeln und jemand ihn töten würde. Claire Zachanassian tröstet ihn, sie würde seinen Sarg nach Capri bringen und in einem Mausoleum im Park ihres Palazzos beisetzen lassen. Mit Blick aufs Mittelmeer.

„Ein grandioses Panorama. Dort wirst du bleiben. Ein Toter bei einem Götzenbild aus Stein. Deine Liebe ist gestorben vor vielen Jahren. Meine Liebe konnte nicht sterben. Aber auch nicht leben. Sie ist etwas Böses geworden, überwuchert von meinen goldenen Milliarden. Die haben nach dir gegriffen mit ihren Fangarmen, dein Leben zu suchen. Weil es mir gehört. Auf ewig. Nun bist du umsponnen, nun bist du verloren. Bald wird nichts mehr bleiben als ein toter Geliebter in meiner Erinnerung, ein mildes Gespenst in einem zerstörten Gehäuse."

Nun sei auch „O Heimat süß und hold" zu Ende, stellt III resigniert fest. Dann verabschiedet er sich von Claire Zachanassian.

— — —

Die Szene ist der Theatersaal im „Goldenen Apostel". Die Gemeindeversammlung, in der über III entschieden werden soll, findet statt. Während sich die Güllener einfinden, spricht ein Radioreporter ins Mikrophon. Er schildert den Anlaß der Versammlung und berichtet nach Ansagermanier von dem, was im Theatersaal zu sehen ist. Dann eröffnet der Bürgermeister die Versammlung. Er gibt bekannt, daß Frau Claire Zachanassian, die Tochter eines Mitbürgers, bereit sei, Güllen eine Milliarde zu schenken: fünfhundert Millionen der Stadt und fünfhundert Millionen an die Bürger verteilt.

Der Radioreporter: „Liebe Hörerinnen und Hörer! Eine Riesensensation! Eine Stiftung, die mit einem Schlag die Einwohner des Städtchens zu wohlhabenden Leuten macht und damit eines der größten sozialen Experimente unserer Epoche darstellt. Die Gemeinde ist denn auch wie benommen. Totenstille. Ergriffenheit auf allen Gesichtern."

Nun greift der Lehrer ein und treibt die Verhandlung voran. Frau Zachanassian wolle mit dieser Schenkung etwas Bestimmtes erreichen. Sie wolle nicht nur die Stadt mit Geld beglücken, sie wolle Gerechtigkeit. Güllen wäre kein gerechtes Gemeinwesen gewesen. Es habe die Ungerechtigkeit geduldet. Man dürfe aber die Milliarde der Frau Zachanassian nur dann annehmen, und die Bedingung erfüllen, die mit dieser Stiftung verbunden ist, wenn man fürderhin das Böse verbanne und unter keinen Umständen mehr in einer Welt der Ungerechtigkeit leben wolle.

Tosender Beifall belohnt die Worte des Lehrers. Nun wendet sich der Bürgermeister an Alfred III.

Der Radioreporter: „Nun die Stimme des Mannes, auf dessen Vorschlag hin die Zachanassianstiftung gegründet wurde, die Stimme Alfred Ills, des Jugendfreundes der Wohltäterin. Alfred III ist ein rüstiger Mann von etwa siebzig Jahren, ein senkrechter Güllener von altem Schrot und Korn, natürlicherweise ergriffen, voll Dankbarkeit, voll stiller Genugtuung."

Der Bürgermeister fragt III feierlich, ob er den Entscheid der Gemeinde über Annahme oder Ablehnung der Claire-Zachanassian-Stiftung respektieren würde. III bejaht die Frage. Man schreitet nun zur Abstimmung. „Wer reinen Herzens die Gerechtigkeit verwirklichen will, erhebe die Hand." Alle außer III erheben die Hand. Der Bürgermeister verkündet, daß die Stiftung der Claire Zachanassian angenommen sei, nicht des Geldes, sondern der Gerechtigkeit wegen und aus Gewissensnot.

Der Radioreporter (in völliger Verkennung dessen, um was es geht): „Andächtige Stille im Theatersaal. Nichts als ein einziges Meer von erhobenen Händen, wie eine gewaltige Verschwörung für eine bessere, gerechtere Welt. Nur der alte Mann sitzt regungslos von Freude überwältigt. Sein Ziel ist erreicht, die Stiftung dank der wohltätigen Jugendfreundin errichtet."

Da es bei der Kamera der Filmwochenschau eine Panne gegeben hat, wird die Abstimmung wiederholt. Nur ein Aufschrei Ills, der von den Kameraleuten als Freudenschrei gedeutet wird, kann nicht mehr rekonstruiert werden.

Während die Herren von der Presse, vom Rundfunk und vom Film, die zu einem Imbiß eingeladen sind, im Hintergrund verschwinden, bleibt III zurück und wird von einem Polizisten auf die Bank niedergedrückt. Der Bürgermeister läßt den Saal räumen und abschließen und alle Lichter löschen. Der Pfarrer tritt zu III, um ihm in seiner schweren Stunde beizustehen. Die Gülleher bilden eine Gasse, die III zu durchschreiten hat. Der Pfarrer will für III beten, III fordert ihn aber auf, für Güllen zu beten. Der Bürgermeister befiehlt III, sich zu erheben. Der Polizist reißt ihn in die Höhe: „Steh auf, du Schwein!", wird aber vom Bürgermeister gebeten, sich zu beherrschen. III geht zögernd in die Gasse der schweigenden Männer, die sich hinter ihm lautlos schließt.

Als sie sich wieder öffnet, liegt Ills Leichnam auf dem Boden. Einem eingedrungenen Pressemann, der fragt, was hier los sei, antwortet der Arzt, der soeben das Stethoskop abnimmt: „Herzschlag." „Tod aus Freude", setzt der Bürgermeister hinzu.

Nun erscheint Claire Zachanassian mit ihrem Gefolge. Sie betrachtet sinnend den Leichnam Ills. Dann gibt sie den Befehl, ihn in den Sarg zu legen und die Koffer zu packen zur Abreise nach Capri. Dem Bürgermeister von Güllen übergibt sie den versprochenen Scheck.

— — —

Die letzte Szene der Tragikomödie spielt wie die erste auf dem Bahnhof von Güllen, zeigt aber eine durch den Wohlstand völlig verwandelte Stadt". „Drückten die immer besseren Kleider den anwachsenden Wohlstand aus, diskret, unaufdringlich, doch immer weniger zu übersehen, wurde der Bühnenraum stets appetitlicher, veränderte er sich, stieg in seiner sozialen Stufenleiter, als siedelte man von einem Armeleutequartier unmerklich in eine moderne wohlsituierte Stadt über, reicherte er sich an, so findet diese Steigerung nun im Schlußbild ihre Apotheose. Die einst graue Welt hat sich in etwas technisch Blitzblankes, in Reichtum verwandelt, mündet in ein Welt-Happy-End ein. Fahnen, Girlanden, Plakate, Neonlichter umgeben den renovierten Bahnhof, dazu die Güllener, Frauen und Männer in Abendkleidern und Fräcken, zwei Chöre bildend, denen der griechischen Tragödie angenähert, nicht zufällig, sondern als Standortbestimmung, als gäbe ein havariertes Schiff, weit abgetrieben, die letzten Signale." So lautet die Bühnenanweisung zur letzten Szene des Dramas.

Melodramatisch wird die Abfahrt der Milliardärin Claire Zachanassian aus Güllen dargestellt. Der Chor, in Anlehnung an den berühmten Chor aus der „Antigone" des Sophokles „Ungeheuer ist viel, doch nichts ist ungeheurer als der Mensch", setzt mit den Worten ein:

>Ungeheuer ist viel
>Gewaltige Erdbeben
>Feuerspeiende Berge, Fluten des Meeres,
>Kriege auch, Panzer durch Kornfelder
>rasselnd,
>Der sonnenhafte Pilz der Atombombe —
>Doch nichts ungeheurer als die
>Armut
>Die nämlich kennt kein Abenteuer,
>Rastlos umfängt sie das Menschengeschlecht
>Reiht
>Öde Tage an öden Tag.

Nach dem Klagegesang auf die Armut setzt mit den Worten

>Wohl uns.
>Denen ein freundliches Geschick
>Dies alles wandte ...

ein Loblied des Wohlstandes ein, der allen wieder zum Glück und zur Zufriedenheit verholfen hat.

Der D-Zug Güllen—Rom fährt ein (die Schnellzüge halten wieder in Güllen). Claire Zachanassian, unbewegt, ein altes Götzenbild aus Stein, tritt zwischen beiden Chören (wie eine Erinnye) hervor und besteigt, von ihrem Gefolge begleitet, den bereitstehenden Zug. Zuletzt tragen Dienstmänner einen Sarg heran und setzen ihn in den Zug.

Stimmen erklingen: „Es ziehet / Die uns reich beschenkte / Die Wohltäterin / Mit ihrem edlen Gefolge davon / Sie lebe denn wohl / Teures führt sie mit sich, ihr Anvertrautes."

Zum Schluß erklingt noch einmal der Chor der Güllener:

> Es bewahre uns aber
> Ein Gott
> In stampfender rollender Zeit
> Den Wohlstand
> Bewahre die heiligen Güter uns, bewahre
> Frieden
> Bewahre die Freiheit
> Nacht bleibe fern
> Verdunkle nimmermehr unsere Stadt
> Die neuerstandene prächtige
> Damit wir das Glück glücklich genießen.

3. DÜRRENMATTS TRAGIKOMÖDIE „DER BESUCH DER ALTEN DAME" IM URTEIL DER LITERATURKRITIK

3.1 DÜRRENMATTS WELTTHEATER

Dürrenmatts Welttheater ist freilich nicht mehr die fromme und erbauliche Allegorie der Schöpfungsordnung von einst, sowenig mehr die reine Tragödie der klassischen Zeiten möglich ist. Es ist vielmehr gedichtet von einem, der sich von einer seiner Figuren einmal bezeichnen läßt als „ein im weitesten Sinne entwurzelter Protestant, verhaftet mit der Beule des Zweifels, mißtrauisch gegen den Glauben, den er bewundert, weil er ihn verloren hat." Er zeigt eine Welt des Chaos, grotesk und grausam, rätselhaft und verwirrend. Die Spielregeln einer geordneten Bühne werden mit allen modernen Experimenten zersetzt, das Sublime wird vermischt mit Maßlosigkeiten, mit allen tiefsinnigen und auch wieder billigen Witzen des momentanen Einfalls. Das Schauspiel einer amorphen Welt kann nach Dürrenmatts Überzeugung nur noch als parodistische Komödie, als Groteske und Farce Gestalt gewinnen. Es ist seine Aufgabe, das Absurde zu umfassen. „Wir haben uns vor allem klar darüber zu werden, daß wir am Absurden, welches sich notwendigerweise immer deutlicher und mächtiger zeigt, nur dann nicht scheitern und uns einigermaßen wohnlich auf dieser Erde einrichten werden, wenn wir es demütig in unser Denken einkalkulieren. Unser Verstand erhellt die Welt nur notdürftig. In der Zwielichtzone seiner Grenze siedelt sich alles Paradoxe an", sagt Dürrenmatt.

Komödien dieser Art können allerdings keine Heiterkeit bringen, sie sind, auf einem in die Endzeit getretenen Welttheater, bedrohlich und makaber geworden. Die einst so strahlende Frau Welt des Mittelalters erscheint in der grotesken Gestalt der alten Dame, der Milliardärin und Rüstungsindustriellen, die nicht mehr durch ihre Reize, sondern durch ihr Geld die menschliche Gesellschaft korrumpiert und den Reigen der einzelnen Figuren in das ihnen bestimmte Schicksal führt ...

Ein Welttheater zum Lob Gottes und vor dem Angesicht Gottes, auch wenn dieses Angesicht völlig verhüllt bleibt. Dürrenmatt schreibt wie er sagt, aus einem immanenten Vertrauen zur Bühne, zum Schauspieler heraus: es ist seine überwältigende Positivität, daß er damit im Grunde auch aus dem Vertrauen zum Welttheater, das auch noch die absurdesten Sprünge erträgt, heraus schreibt. Wie weit liegt hier die Bühne als moralische Anstalt zurück, wie weit auch der ästhetische Jugendstil von Hofmannsthals „Jedermann" und „Großem Welttheater"! Es ist, wie wenn sich hier spontan eine älteste Form des Theaters aus jüngsten, krisenhaften Zuständen heraus erhebe. Gewiß sei die Gefahr nicht verkannt, die einem Welttheater solch endzeitlicher Groteske droht: die Gefahr, zwischen Tiefsinn und Kabarett hängen zu bleiben. Aber sie scheint der Preis zu sein, den das Unternehmen Dürrenmatts notwendig zu zahlen hat.

(Max Wehrli)

3.2 „UNS KOMMT NUR NOCH DIE KOMÖDIE BEI"

„Uns kommt nur noch die Komödie bei. Die Tragödie setzt Schuld, Not, Maß, Übersicht und Verantwortung voraus." Das sind Voraussetzungen, die nach Dürrenmatts Meinung (in „Theaterprobleme") nicht mehr gegeben sind. Die Menschen sind derart in einem Kollektiv gefangen, daß sie keine Verantwortlichen und deshalb auch keine Schuldigen mehr sein können, „denn Schuld gibt es nur noch als persönliche Leistung, als religiöse Tat." Wie aber soll persönliche Leistung denen möglich sein, die nur noch Kollektivwesen sind? Unsere kollektive Schuld ist deshalb nur als „unser Pech" anzusprechen. Wenn also

Schuld und Verantwortung als konstitutive Größen der Tragödie aufgefaßt werden, kann es keine Tragödie mehr geben, sondern nur noch die Komödie.

Nun nennt Dürrenmatt aber sein Drama „Der Besuch der alten Dame" eine „tragische Komödie". Das heißt also, es muß doch noch das Tragische möglich sein, wenn auch nicht mehr in der reinen Form der Tragödie. Dürrenmatt sagt das in den „Theaterproblemen" ausdrücklich. Er will das „Tragische aus der Komödie heraus erzielen, als einen schrecklichen Moment, als einen sich öffnenden Abgrund ..."

Es handelt sich um das Groteske. Dürrenmatt verwendet das Wort „grotesk" selbst in seiner Beschreibung der Claire Zachanassian, und sie ist in der Tat in ihrem Aussehen, ihren Handlungen und ihrer Sprache grotesk. Wir möchten über ihr eigenartiges Verhalten lachen — und können es nicht. Denn wir spüren hinter dem Skurrilen ihres Wesens das Bedrohliche, das von ihr ausgeht: das Lächeln gefriert auf unseren Gesichtern, besser können wir es kaum ausdrücken. Wenn uns das Groteske gleichzeitig mit Belustigung und Entsetzen erfüllt, so überfällt uns eine ratlose Beklommenheit. Wie ist es möglich, daß wir das Gerede der Güllener von „Gerechtigkeit", „Humanität" lächerlich finden, aber zugleich aufs höchste davon beunruhigt sind? Wir folgen Wolfgang Kayser, der das Groteske „die sich verfremdende Welt" nennt, „das Unfaßbare, Undeutbare, das Lächerlich-Entsetzlich-Grauenvolle". Das scheint uns das Wesentliche zu sein: die sich verfremdende Welt. Wir erfahren es bei den vielen grotesken Situationen des Dramas, daß sich hinter dem rätselhaften Miteinander von Lachen und Entsetzen die Ahnung verbirgt, „daß unsere vertraute und scheinbar in fester Ordnung ruhende Welt sich unter dem Einbruch abgründiger Mächte verfremdet, aus den Fugen und Formen gerät und sich in ihren Ordnungen auflöst."

Die tragische Komödie ist die dramatische Form des Grotesken. Die tragische Komödie als die dramatische Form des Grotesken gestaltet das Absurde. In der grotesken Gestalt der Tragikomödie wird das Absurde allbeherrschend. Es hebt die Weltordnung auf, und so erscheint die Welt „als ein Ungeheures, als ein Rätsel von Unheil."

(Paul-Josef Breuer)

3.3 ARMUT ODER KONJUNKTUR DURCH VERBRECHEN?

Die alte Dame mit ihren männlichen Trabanten, den diversen Gatten und den aus dem Zuchthaus gekauften Dienern, bricht mit ihrem grotesken Gefolge in die schlichte, banale Welt ihrer verarmten Heimatstadt Güllen ein. Sie deckt ein Unrecht, das vor vielen Jahren an ihr begangen wurde, wieder auf und bietet der Stadt Güllen eine Milliarde an, wenn einer der Güllener den Schuldigen — es ist der Krämer Alfred Ill, ihre einstige Jugendliebe — umbringt. Die Güllener protestieren zwar und berufen sich auf ihre Moral. Doch einer glaubt vom anderen, daß er es tun werde. Alle hoffen auf das Geld, kaufen in dieser Erwartung auf Kredit und verschulden immer mehr. Aber Ill merkt es. Er ficht einen verzweifelten Kampf gegen die Angst, besiegt sie schließlich und unterwirft sich dem Spruch der Güllener, die zuletzt selbst glauben, daß sie recht handeln, wenn sie Ill umbringen. Das Stück ist nicht etwa eine Tragödie, wie man vielleicht nach dieser kurzen Inhaltsangabe meinen könnte. Dürrenmatt nennt es eine tragische Komödie. Denn nur die Komödie wird dem Grotesken unserer Welt gerecht, die nur noch besteht, weil es die Atombombe gibt: aus Furcht vor ihr! — so sagt Dürrenmatt selbst. Treffend stellt er das Groteske unserer Welt in der Konfrontierung zweier Welten dar: der übertriebenen der „alten Dame" und der banalen der Güllener, die dann aber auch ins Groteske gezerrt wird durch die „Konjunktur auf Kredit". Der vielgebrauchte Slogan „Geld ist Macht" wird hier kompromißlos demonstriert. Daß das Opfer des Geldes der allerbanalste, käuflichste Güllener ist, macht das Groteske erst recht deutlich. Am klarsten zeigt es die Schlußszene: In einer öffentlichen Gemeindeversammlung mit Rundfunk, Presse, Fernsehen wird über Ill abgestimmt. Die Gemeindeväter, vorher zerlumpt, sind jetzt im Frack erschienen. Der Lehrer hält eine Rede, die jeder Eingeweihte versteht, jeden Außenstehenden aber völlig im unklaren läßt. Der Schwur, den der Bürgermeister vorträgt und den die Gemeinde Satz für Satz wiederholt, faßt diese Rede zusammen: „Nicht des Geldes, sondern der Gerechtigkeit wegen (,Gerechtigkeit' im Sinne der alten Dame), denn wir können nicht leben (ganz im materiellen Sinn), wenn wir ein Verbrechen unter uns dulden, das wir ausrotten müssen (unter dem Druck der alten Dame), damit unsere Seelen nicht Schaden erleiden und unsere heiligsten Güter (nämlich das Geld)!" Diese Szene wird zweimal gespielt. In ihr liegt die Problematik des Stückes beschlossen: Armut oder Konjunktur durch Verbrechen. Dürrenmatt bietet keine Lösung des Problems an. Er setzt es seinen Zuschauern vor und greift sie dabei an. Die Lösung muß jeder für sich finden.

3.4 DIE KOMÖDIE MENSCHLICHER ARMSELIGKEIT

Wir wollen nicht streiten, ob „Der Besuch der alten Dame", das meistgespielte Stück Dürrenmatts, das ihm Welterfolg und Weltruhm brachte, das Meisterwerk ist — ein Meisterwerk der dramatischen Gegenwartsliteratur dürfen wir es auf jeden Fall nennen. Dürrenmatt bezeichnete das Stück zuerst als eine Komödie der Hochkonjunktur. Die endgültige Bezeichnung des Dreiakters ist „eine tragische Komödie" — das verweist darauf, daß die menschliche Situation, um die es im Stück geht, komisch und tragisch zugleich ist — das Tragische wird, wie die „Theaterprobleme" es formulieren, aus dem Komischen heraus erzielt. Der für dieses Stück besonders wichtige Selbstkommentar des Dichters, der nachdrücklich vor einseitiger Auslegung etwa in der Richtung einer aktuellen Gesellschaftskritik warnt, schließt mit den sehr präzisen Worten: „Die alte Dame ist ein böses Stück, doch gerade deshalb darf es nicht böse, sondern aufs humanste wiedergegeben werden, mit Trauer, nicht mit Zorn, doch auch mit Humor, denn nichts schadet dieser Komödie, die tragisch endet, mehr als tierischer Ernst." Das Komische, das dem Tragischen nahebleibt und es zuletzt aus sich entläßt, die Komödie, die tragisch endet: darin erfüllt sich eine sehr alte ästhetische Gattung, die Tragikomödie. Eine grotesk-komische Situation enthüllt Schauerliches — das Groteske mit Wolfgang Kayser verstanden als das Sichöffnen zu einem Schrecklichen hin.

Die Kleinstadt Güllen, die nach kurzer Blüte auf den Hund gekommen ist und am Ende des Stückes sich wieder zu Wohlstand erhebt, hat einiges mit Kellers Seldwyla gemeinsam, doch braucht man es nicht in der heutigen Schweiz zu plazieren, der Dichter will es irgendwo in Mitteleuropa gelegen haben, dort, wo schäbige Mittelmäßigkeit und klägliche Käuflichkeit regieren, so daß es das Menschliche schwer hat. Aber vielleicht ist damit schon der Intention des Dichters zuviel Direktheit aufgeladen, wenn man ihn also hört: er distanziere sich gar nicht von diesen Leuten in Güllen, jedes Pharisäerhafte liege ihm fern, er sei nicht sicher, ob er anders handeln würde — er weiß also um die Anfälligkeit des Menschen, um seine Versuchbarkeit. Nicht Brechts Glaube an die Veränderbarkeit der Welt ist Dürrenmatts Sache, keine Gesellschaftslehre, keine politische Polemik trägt Dürrenmatts Stück. Er also sagt: „Ich beschreibe Menschen, nicht Marionetten, eine Handlung, nicht eine Allegorie, stelle eine Welt auf, keine Moral." Die Fabel ist relativ einfach, die Handlung zügig. Es gibt wenig verfremdende Ritardandi — antike und Shakespearsche Motive werden einige Male parodiert. Klara Wäscher, Tochter eines Baumeisters, von dessen Werken nur noch eine Bedürfnisanstalt erhalten ist, hat vor 45 Jahren ein Verhältnis mit Alfred III gehabt, der heute als kleiner Krämer vegetiert. Als sie Mutter wurde, hat er die Vaterschaft abgeleugnet. Sie mußte in Schande davongehen. Ihr Herz vereist. Doch kam sie zu Reichtum und kehrt nun als Claire Zachanassian in das Heimatnest zurück — „aufgedonnert, unmöglich, aber gerade darum wieder eine Dame von Welt, mit einer seltsamen Grazie, trotz allem Grotesken" — in pompösem Aufzug, eine monströse Milliardärin, zum Götzen des Hasses versteint — nach Auto- und Flugzeugunfällen mit Arm- und Beinprothesen versehen, ist sie auch äußerlich deformierte Natur. Dürrenmatt charakterisiert sie so: sie stelle „weder die Gerechtigkeit dar noch den Marshallplan oder gar die Apokalypse, sie sei nur das, was sie ist, die reichste Frau der Welt, durch ihr Vermögen in der Lage, wie eine Heldin der griechischen Tragödie zu handeln, absolut, grausam, wie Medea etwa", sie hat Humor, Distanz zu sich selber, „einen bösartigen Charme". Aus einem jugendlichen Trauma wird das Mütterliche und Menschliche in ihr pervertiert. Sie bietet den Güllnern eine Milliarde, wenn III getötet wird — den Sarg hat sie gleich mitgebracht: mit dieser makabren Groteske beginnt das Stück. Es endet damit, daß ihr zäher Wille siegt. Die Unerbittliche hat selbst, indem sie ganz Güllen aufgekauft, den Ort in die Notlage gebracht, aus der es keinen Ausweg gibt, als durch ihr Geld, für das sie den Rachetribut verlangt. III wird zu Tode gejagt. Appelle zur Menschlichkeit werden zur Phrase, das Echte wird pervertiert — die Farce endet in der Pose für die Filmkamera, natürlich muß publicity sein, in der Wiederholung der Szene erweist sich ihre grauenvolle Leere. Nur Ills echter Aufschrei ist nicht wiederholbar, die wachsende Gefahr macht ihn gefaßt, die innere Wandlung wird glaubhaft. Er erlebt an sich die Gerechtigkeit, weil er seine Schuld erkennt, und wird groß durch sein Sterben, das „nicht einer gewissen Monumentalität" ermangeln soll. Auch in dieser Farce wagt Dürrenmatt den mutigen Menschen.

Das Schlußbild ist die Apotheose der Hochkonjunktur, der Götze der Prosperität triumphiert. Die in Wohlstand und Reichtum verwandelte Welt mündet in ein Welt-Happy-End. Das Stück ist eine Satire auf das „glückliche Leben", das unter fragwürdigen Vorzeichen verheißen wird. Es ist die Parodie auf die absolute Gerechtigkeit, aber zugleich birgt die Komödie menschlicher Armseligkeit die Tragödie satanischer Versuchung; unselige Schuldverstrickung wird wie im Schicksalsdrama der Griechen enthüllt, so deutet der Regisseur der Züricher Uraufführung, Oskar Wälterlin, und in der Sühnebereitschaft Ills drückt sich ein christliches Sündenbewußtsein aus. Wenn die Extreme des versteinerten Götzentums und des blitzblanken Wohlstands das Menschliche verfehlen, so bleibt doch, was der Dichter nicht leugnen kann, der Maßstab des Humanen, das allerdings nicht in sich selbst gegründet — das wäre eine gefährliche Verabsolutierung —, sondern offen ist für Erbarmen und Gnade. Der erbarmungswürdigen Kreatur, die Böses tat und ins Netz des Bösen gerät, entringt sich im tragischen Dilemma der un-

wiederholbare Aufschrei: Mein Gott!, der die Farce wie die Konvention radikal durchstößt.
(Joachim Müller)

3.5 DER BESUCH DER ALTEN DAME

Im „Besuch der alten Dame" bildet nicht der moderne Reisende den Ausgangspunkt, sondern der Einwohner, der den vorüberfahrenden Eisenbahnzügen nachschaut, der seßhafte Güllener, der am raschen Flug der Zeit nicht teilnimmt, der Zurückgebliebene, der nur staunt, wenn aus fernen Gegenden Neues auf ihn zukommt. Es sind nicht Verworfene oder mit allem Verfremdete, sondern Individuen einer kleinen Gemeinschaft, wie sie seit Jahrtausenden vorkommen und auch weiterhin vorkommen werden, trotz Auto, Flugzeug und Weltraumschiffen. Gerade die Fähigkeit, nicht mit den allzu modernen Strömungen zu liebäugeln, sondern endlich wieder das Bild des halbwegs behausten Menschen zu wagen, hat es Dürrenmatt ermöglicht, eine große Tragikomödie zu schreiben — wahrscheinlich d i e Tragikomödie unserer Zeit.

Früher durchwanderte man die Welt, erlebte und erfuhr das Wissenswerte zum Beispiel im Stile eines lernbegierigen Kaufmanns wie Wilhelm Meister. Der Mensch blieb der Geschwindigkeit seiner Vehikel einigermaßen gewachsen. Es war dem zwanzigsten Jahrhundert vorbehalten, den Erdenbewohner als verblüfften „Zurückgebliebenen" zu zeigen. Einem Sputnik oder Explorer kann man nur nachglotzen — wie es die Güllener angesichts des „Rasenden Roland" oder „Börsianer" tun. Entweder ist man Passagier oder hockt am Ort (der durch diese Alternative von selbst provinziellen Charakter bekommt). Der Schluß des zweiten Aktes zeigt die Schockwirkung eines verpaßten Zuges für III in erschreckender Hintergründigkeit.

Und doch ist der verpaßte Zug nicht nur Allegorie. Das Ende des zweiten Aktes führt zu einer Umkehr von komplizierter Natur. III, der Angst vor seinen Mitbürgern bekommen hat und fliehen möchte, spürt am Bahnhof seine Ohnmacht, er erkennt aber auch die Notwendigkeit, die Schuld auf sich zu nehmen. Ihr vermöchte er nicht zu entrinnen, weder in Güllen noch in Australien. „Einer wird mich zurückzuhalten suchen." Aber auch die Mitbürger sind am Ende dieses Aktes zur Entscheidung gerufen. Sie, die sich anfangs wirklich mit III solidarisch fühlten und noch lange froh wären, wenn sie nicht zum Mord gezwungen würden, werden langsam doch Mörder. Auch sie ereilt das Schicksal. Vor dem abfahrenden Zug kreuzen sich die Wege des zur Einsicht Gelangenden mit der Menge, die ihre Einsicht verliert. Darum ist die Aufforderung der Gülleener, III solle doch verreisen, nicht unbedingt unehrlich gemeint. Ihr Innerstes hegt noch diesen Wunsch.

Es wäre vielleicht richtig, Güllen als ein modernes, entwürdigtes Seldwyla aufzufassen. Ein solches Drecknest kann allerdings sowohl in der Schweiz wie in Deutschland, Frankreich oder Amerika liegen; es wird zum Drecknest, sobald es nicht mehr von den Herrlichkeiten der Wirtschaftswunder profitieren kann. Güllen ist das Korrelativ zur Hochkonjunkturzeit, wie Seldwyla eines der beginnenden Gründerzeit war. Es wirkt makabrer als das norwegische Städtchen in Ibsens „Volksfeind", in dem die Korruptheit der Bürger ebenfalls einen schlechten Boden abgab; es war dort der stinkende Sumpf der Trägheit. Im Städtchen Dr. Stockmanns herrschte betriebsame Lebendigkeit, gerade weil die Verlogenheit mancher Politiker Ekel erregen mußte. Bei Ibsen lernten die Städter durch einen Idealisten so etwas wie Wahrhaftigkeit sehen, es kam kein riesenhaftes Weib angefahren (als Geldgeberin und als Todesengel).

Es ist bestimmt die Verarbeitung dieses Einfalls — in ein Dorf einen solch interessanten Besuch kommen zu lassen —, was uns gestattet, bei der „tragischen Komödie" der alten Dame von einem Meisterwerk zu sprechen. Was die Zeit bewegt, hat einen gültigen Ausdruck erlangt, und die Erfindungsgabe des Dichters hat, gereift durch verschiedentliche Erfahrungen, das adäquate Thema gefunden. „Claire Zachanassian stellt weder die Gerechtigkeit dar noch den Marshallplan oder gar die Apokalypse", sagt Dürrenmatt in der Anmerkung zu seinem Stück, „Sie sei nur das, was sie ist, die reichste Frau der Welt, durch ihr Vermögen in der Lage, wie eine Heldin der griechischen Tragödie zu handeln, absolut, grausam, wie Medea etwa." Im Programmheft des Züricher Schauspielhauses stand ferner, im Namen Zachanassian stecke unter anderem das Element Onassis, der Name jenes berüchtigten griechischen Finanzgenies, das eine theologisch-philosophische Auslegung gewiß nicht unbedingt verlangt. Claire, geborene Kläri Wäscher, ist eine Person, nicht nur Personifikation der Weltangst und des Weltgerichts. Eine eschatologische Betrachtung drängt sich auf bei Kafka, Eliot, Auden, nicht unbedingt (in diesem Beispiel wenigstens) bei Dürrenmatt. „Auf die gegenwärtige Welt wird nicht angespielt, wohl aber spielt die gegenwärtige Zeit auf", heißt die entsprechende Erklärung in den alphabetisch geordneten „Randnotizen" im Programmheft.

Zum ersten zeigt sich ein wirtschaftlicher Gesichtspunkt des Themas. In der Epoche der gelenkten Wirtschaft müssen kleinere Gemeinwesen häufig saniert werden; dabei trägt die Sanierung in nichtkommunistischen Staaten häufig irgendwie persönlichen Charakter, den einer Wohltat, nicht bloß einer Planung. Die Banken sogar können wohltätig eingreifen. (Die Bank von England hat, dank ihrem Alter und ihrer Ehrwürdigkeit, den Zunamen „Alte Dame der Threadneedle-Straße" erhalten.)

Das Bedürfnis — oder die Fähigkeit? — in den verschiedenartigsten Arten zu sanieren beziehungsweise zu subventionieren, ist noch in keinem Jahrhundert so groß gewesen wie im zwanzigsten. Die Wohltätigkeitsinstitutionen wachsen sich ins Riesenhafte aus und haben kaum mehr etwas mit privater Fürsorge zu tun. Die Milliardärin Claire Zachanassian weiß ganz genau, daß man sich wirtschaftlich unersetzlich macht, wenn man in einer Ortschaft wie Güllen finanziell interveniert. Sie hat das Dorf, vergißt man gerne, früher arm gemacht, um dann ihrem Angebot um so mehr Gewicht zu geben. W e i l eine Chance wie Claire zugegen ist, wird Güllen so erbärmlich. Weil in der Hoffnung auf Claires Unterstützungsplan überall verantwortungslos Kredit gewährt und verlangt wird, beginnt Güllen sich einer ungesunden wirtschaftlichen Scheinblüte zu freuen. Man trägt gelbe Schuhe, läßt alles anschreiben. (Abzahlungsgeschäfte sind die Kehrseite der Hochkonjunktur.) Am Schlusse ist der Wohlstand ins Unermeßliche gewachsen. „Die einst graue Welt hat sich in etwas technisch Blitzblankes, in Reichtum verwandelt", heißt die letzte Anweisung für den Bühnenbildner, „mündet in ein Welt-Happy-End ein. Fahnen, Girlanden, Plakate, Neonlichter umgeben den renovierten Bahnhof." So kommt es zur Apotheose der Anreicherung. Weil sie allerdings über die Wirklichkeit hinwegtäuscht, klingen die Chorlieder nach griechischem Muster, die folgen, als grausame „Standortbestimmung: als gäbe ein havariertes Schiff, weit abgetrieben, die letzten Signale." Im Hinblick auf die Antike zeigt sich die Entwürdigung der Gegenwart. Denn die Kleinstadt ist in einer Endzeit zur Scheinblüte gelangt; es ist keine natürliche wirtschaftliche Entwicklung, sondern ein ungesunder Aufschwung. Die Scheinblüte hat ein Weib mit Prothese zur Ursache, ein körperliches Wrack. Im Zeitalter eines hektischen Wirtschaftsgebarens gewinnt sogar, wie schon früher in der Einleitung erwähnt, der Slogan „Ausverkauf der Eidgenossenschaft" eine gewisse Berechtigung.

Wir erkennen zweitens das politische Problem. Die hohen Erwartungen auf den Reichtum müssen natürlich vor allem in kapitalistischen Ländern, im Westen, wo sich das Spiel von Angebot und Nachfrage einigermaßen frei auswirkt, eine hohe Bedeutung bekommen. Darum ist das Stück in Moskau mit einer gewissen Berechtigung als Satire auf den Kapitalismus aufgefaßt worden. Das Wichtigste aber wurde dort natürlich übersehen: daß die Lächerlichkeit menschlicher Einrichtungen allgemein zu Dürrenmatts Betrachtungsweise gehört; Unfreiheit verunmöglicht das Lachen. Darum wünschte Dürrenmatt keine Aufführung in Moskau und gab dem dortigen Theater zu verstehen, das Stück spiele in westlichen Verhältnissen und sei nur in unseren Breitengraden verständlich; er sei hingegen bereit, eine passende Fassung für die Länder hinter dem Eisernen Vorhang zu verfertigen. In schweizerischen Verhältnissen (wo der Kapitalismus in neuerer Zeit eine Conditio sine qua non wurde, wo die Goldwährung bald zum Credo, bald zur wichtigsten Voraussetzung der wirtschaftlichen Landesverteidigung wurde), erhält das Drama vielleicht noch ein vermehrtes Interesse. In der Schweiz hat sich je und je, und zwar in einem besonders entscheidenden Sinne, die Frage gestellt, ob man gewisse moralische Prinzipien höher achte als das Geld. Die Gestalt der Claire Zachanassian ist für uns auch ein Sinnbild für die korrumpierenden Angebote in früheren Jahrhunderten: die Pensionsgelder und Militärkapitulationen des reichen Auslands.

Wir erkennen drittens, trotz Einwänden des Dichters, das theologische Problem. Nicht als ob das Stück eine Predigt wäre! Im Gegenteil. Der Moralist Dürrenmatt tritt diesmal hinter den reinen Ablauf einer gut verständlichen Handlung zurück. Die Handlung besitzt dennoch, wie immer in großen Werken, religiös faßbare Schwerpunkte. Besitzt Anfang und Ende als wichtige Formelemente. Claire Zachanassian bedeutet für III den Tod.

Da ist einmal zu sagen, daß sie für die korrupte Gemeinde als Heilbringerin auftritt. Sie wohnt, nachdem sie ihre Bedingungen bekanntgegeben hat, im „Goldenen Apostel", sie, die Sendbotin eines zweifelhaften Reichs. Sie ist der Meinung, daß man Gerechtigkeit kaufen könne: eine Meinung, die zu ihrem Materialismus paßt und immerhin wohltuend eindeutig ist; eindeutiger als die der Zöllner und Pharisäer, die sich Gerechtigkeit auf der moralischen Ebene erwerben wollen. Der Lehrer unterstellt Claire in der Schlußversammlung dann auch bezeichnenderweise den Wunsch, die Gemeinde gerecht werden zu lassen.

Auf sie als einen Popanz und Götzen setzen die Einwohner von Güllen, an denen nichts vom Himmel haften geblieben ist, ihre abergläubische Hoffnung. Ganz im Gegensatz zu anderen kennen sie keine Gnade. Weil sie in ihrer Misere befangen sind, brauchen sie einen Götzen. Weil es für sie keine Endzeit im christlichen Sinne gibt, ist ihre Erwartung des Kommenden niedrig. Wo der Blick auf die Ewigkeit fehlt, erhält die Hoffnung den Charakter des Sensationellen. Das Stück wird zum tragikomischen Bild des Chiliasmus. Die Besuchten vertreten am Schlusse die Unerbittlichkeit. „Wer reinen Herzens die Gerechtigkeit verwirklichen will, erhebe seine Hand", ruft der Bürgermeister zuletzt seinen Mitbürgern zu. Solche „Reinheit" führt immer zum Tode.

Eduard Schweizer hat in einem aufschlußreichen Aufsatz gesagt, das erste, was in dieser Dichtung sichtbar werde, sei dies, daß sich alles in einer völlig entgötterten Welt abspiele. „Unentfliehbar zieht sich vom ersten bis zum letzten Akt das Schicksal über III zusammen. Aber es sind keine Erinnyen, die ihn in Angst und Untergang hetzen. Rings um ihn sind ja nur seine Mitbürger versammelt, gewiß schwach und der Versuchung des Reichtums nicht standhaltend, aber freundlich und human, III das Beste wünschend." Es ist aber sicher, der Tod Ills erlöst Güllen nicht.

Ich glaube, daß der Theologe damit einen wesentlichen Teil der Dichtung erklärt hat. Es geht im „Besuch der alten Dame" um die Erwartung und Hoffnung einer Gemeinde. Einer philiströsen, nicht einer christlichen Gemeinde. Gerade weil Güllen auf Kredit zu leben beginnt und an keine Erlösung denkt, treibt die Angst seine Bewohner zum Verbrechen. Sie verkörpern, mit ihren gelben Schuhen und ihrer raschen Bewaffnung — sogar der Pfarrer verfügt statt über Trost über ein Gewehr — ein modernes Pharisäertum im Schatten der Kameras und Filmoperateure. Sie verkörpern andererseits auch die Menschheit, bzw. einen Teil davon nach einem zweiten, boshaft karikierten Sündenfall. Claire sagt einmal zum Arzt und Lehrer: „Die Welt machte mich zu einer Hure, nun mache ich sie zu einem Bordell." Das ist weit mehr als die Vertreibung aus dem Paradies. Aber was sich die Menschheit heute leistet, entspricht nach Dürrenmatts Meinung vermutlich einem Zerrbild des Sündenfalls. Statt umzukehren, baut man weiter und weiter an Babel.

Beim letzten Rendezvous im Konradsweilerwald sagte Claire zu III: „Deine Liebe ist gestorben vor vielen Jahren. Meine Liebe konnte nicht sterben. Aber auch nicht leben. Sie ist etwas Böses geworden wie ich selber, wie die bleichen Pilze und die blinden Wurzelgesichter in diesem Wald, überwuchert von meinen goldenen Milliarden. Die haben nach dir gegriffen mit ihren Fangarmen, dein Leben zu suchen." In ihrer Liebe offenbart sich die schlimme Konsequenz des Erotischen: eine ganze Erde beherrschende Begier. Stammt Claire nicht beinahe aus dem Märchenreich? Bewegt sie sich, gefangen im Irdischen, nicht trotzdem außerhalb der menschlichen Ordnungen, ein Revenant für Güllen? Sie ist ja, nach des Verfassers eigener Bemerkung, im Unterschied zu III schon von Anfang an eine „Heldin". Das große Gericht für den Mann in Gestalt eines Weibes! Wie die Allgewalt der Natur den Menschen, wenn er vor ihr kneift, zuschanden macht, verfährt sie mit dem schuldigen, schwachen III — ein steinerner Gast, etwas „Unabänderliches", „Starres". Wollten wir sie im besondern entweder vom Wirtschaftlichen, Politischen oder Theologischen aus allein erklären, dann bliebe uns der Zugang zur Dichtung verwehrt. Ihre Gestalt entsprang einem Einfall aus dem Blauen heraus. Aber sie wurde Gestalt. Das Männervertilgende, Nymphomanische, ihre Süchtigkeit entsprechen den Erfahrungen eines Psychiaters besser, als man vielleicht denken könnte. Das gefallene, später auf großem Fuße lebende Mädchen kommt in modernen Heilstätten nicht selten vor.

Sogar die an sich vielleicht müßige Frage, ob wir uns ihr Auftreten eher im Sinne einer individuellen Person der antiken Tragödie oder im Sinne Kafkas vorzustellen haben, bringt uns in Verlegenheit. Wir möchten sagen, gerade die beiden geblendeten Kastraten Koby und Loby mit ihren unheimlichen Repetitionen seien ausgesprochen maskenhaft; aber sie deuten dennoch über alte Theaterkonventionen hinaus, erinnern an die beiden Gehilfen K.s im Schloßroman oder an die Figuren in Becketts „Godot".

Stil und Gehalt des Stücks weisen deutlich auf christliche Verpflichtungen hin. Schon Oskar Wälterlin, der Regisseur der Züricher Uraufführung, hat in einem Vortrag gesagt: „Während das langsame Enthüllen von Schuld, Verstrickung und Gefahr, die Unentrinnbarkeit an die schicksalshafte Tragödie der Griechen erinnern, führt uns die Fügsamkeit des Schuldigen, der durch das Wirrsal seiner Ängste sich durchkämpfend zur Bereitschaft für die Buße und so zur Überwindung seines irdischen Ichs kommt, in die Gegend des christlichen Dramas, wie wir es noch in der Nachschöpfung des „Jedermann" kennen."
Wälterlin ist es auch, der gewisse mittelalterliche Stilelemente in ihrem Wert erkannt hat: „So hat der Wechsel der Einzelszenen im zweiten Akt des Werkes, der zu Füßen des Balkons des Hotels „Zum goldenen Apostel" vor sich geht, auf dem die Heldin, Claire Zachanassian, über den Vorgängen im Städtchen Güllen wacht, nichts von virtuosem Effekt. Er führt und unterstreicht die innere Handlung. Wie ein Karussell, fast wie ein Totentanz, drehen sich die Ereignisse um den Balkon, auf dem Claire Zachanassian mit sicherer Ruhe auf die unfehlbare Erfüllung ihres Verlangens wartet. Das Simultane, Gleichzeitige und Gleichräumliche der verschiedenen Szenen ist kein technischer Trick, sondern eine innere Verzahnung. Die Stichworte leben vor lauter doppelbodigen Beziehungen und verweben die Szenen zu einer engverschlungenen Weltbühne, wie im ganzen Stück Situationen, Bilder und Aussprüche sich in fast unmerklichem Gleichsinn treffen und überkreuzen."

In diesem Falle ist die Raumbühne — Dürrenmatt hat sie bezeichnenderweise zum erstenmal mit ihrer natürlichen Ergänzung, der Simultanbühne angewendet — eine Konsequenz der religiösen Handlung. Eine Konsequenz auch aus der Wiederaufnahme des uralten, 1956 freilich nicht sehr zeitgemäßen Problems Individuum und Gemeinschaft.

In Gotthelfs „Schwarze Spinne" war die Frage, ob die Seele eines einzelnen oder das Wohlergehen einer Gemeinschaft mehr zähle, zu einer ähnlich einleuchtenden Darstellung gekommen. Der Grüne hatte den Bauern Erlösung aus der Not versprochen wie die alte Dame den Bewohnern von Güllen. Und wie die (erhoffte) Milliarde der Claire Zachanassian waren die Zeichen des Bösen: Geld, Spinnen, Pestbazillen über die Menschen des Emmentals gekommen. Der Pakt mit dem Teufel hatte zunächst ungefährlich geschienen. Als der Grüne „aber nicht kam, als der Schreck vor ihm verging", schreibt Gotthelf, „als das alte Elend blieb und der Jammer der Leidenden lauter wurde, da stiegen allmählich die Gedanken auf, die den Menschen, der in der Not ist, so gerne um seine Seele bringen. Sie begannen zu rechnen, wieviel mehr wert sie alle seien als ein einzig ungetauft Kind, sie vergaßen immer mehr, daß die Schuld an einer Seele tausendmal schwerer wiege als die Rettung von tausend Menschenleben". Gotthelf und Dürrenmatt lehnen eine Rettung bloß von der Vernunft her ab; sie haben durch ihre Dichtungen Mythen von einem Gericht aus der Zeit heraus geschaffen.
(Hans Bänziger)

3.6 WER IST DIE ALTE DAME?

Dürrenmatts Tragikomödie „Der Besuch der alten Dame" spielt in dem armseligen Ort Güllen, der auf Geheiß einer superreichen Frau, die einmal Hure war, über Nacht in eine chromblitzende Stadt verwandelt wird mit dem Neongeflirr aller Weltstädte. Welcher Gegensatz zwischen dieser goldbehangenen Retterin und den armseligen Krämern und Bürgern von Güllen! Wer ist diese alte Dame überhaupt, die da heimkommt an den Ort ihrer Schmach, von dem sie einmal vertrieben wurde, heimkommt mit dem Ziel, nicht die Leute reich zu machen, sondern einen Menschen zu vernichten, der sie betrog? Ist sie Zeitchiffre, das wandelnde goldbehangene Unheil unserer Tage, Gegenwartsallegorie oder die ewig betörende Frau Welt des Mittelalters mit dem Schlangennest auf dem Rücken? Beides, alles? Nun, des Gottes (nicht einmal des Rachegottes) voll ist Claire Zachanassian sicher nicht; ihre Prothesen, das künstliche Bein und der Elfenbeinarm, beide Folgen eines Auto- bzw. Flugzeugunfalls, weisen sie als eine Mitbürgerin unserer Jahrzehnte aus, auch die kriechenden geldgierigen Einwohner von Güllen tun es und zeigen, daß die Handlung heute spielt, auch der sinnloseste aller Tode, der Tod Ills, und am Schluß die jubelnden Welt-Happy-End-Chöre im Stile Bertolt Brechts.

(Wilhelm Jacobs)

3.7 DER DREISCHRITT DER DRAMATISCHEN HANDLUNG IN DÜRRENMATTS DRAMA „DER BESUCH DER ALTEN DAME

Dürrenmatts Drama „Der Besuch der alten Dame" ist in drei Akte gegliedert. Diese Einteilung ist nicht zufällig, sondern entspricht exakt dem Dreischritt der dramatischen Handlung.

Der erste Akt steigt von der Exposition an zu dem das tragischkomische Geschehen auslösenden Moment der Ankündigung Claire Zachanassians: „Eine Milliarde für Güllen, wenn jemand Alfred III tötet." Der erste Akt klingt aus mit Claires lakonischer Drohung: „Ich warte."

Der ganze zweite Akt vollzieht sich vor dem Hintergrund dieses „Ich warte". Er zeigt die unheimliche Veränderung, die erst im Verhalten, dann auch im Denken der Güllener vor sich geht, und entsprechend die Wandlung Ills vom zuversichtlich-ruhigen „Das Städtchen steht zu mir" am Anfang des zweiten Aktes über die panische Angst bis zur verzweifelten Resignation des letzten Satzes in diesem Akt „Ich bin verloren!"

Daß in dieser Resignation mehr liegt als Hoffnungslosigkeit, zeigt sich im dritten Akt. Hier begegnen wir einem gänzlich gewandelten III, dem „mutigen Menschen", der seine Schuld auf sich nimmt. Gleichzeitig tritt die im zweiten Akt noch versteckte Selbstsucht der Güllener jetzt — wenn auch hinter der Maske der „Gerechtigkeit" — deutlich hervor, und beide Entwicklungen münden im Mord an Alfred III und der „Sinngebung" dieses Mordes: Claire Zachanassians Wort und Geste „Der Scheck".

Im „Besuch der alten Dame" erkennen wir:

1. Die Anonymität der Macht (hier: des Geldes) und folglich ihre Gestaltlosigkeit, weshalb Dürrenmatts Kunst „nur noch bis zu den Opfern" vordringt.

2. Die Distanz der tragischen Komödie, die „das Gestaltlose zu gestalten, das Chaotische zu formen" vermag: die gestaltlose Macht des Geldes nimmt Gestalt an nicht nur in der grotesken Überzeichnung der alten Dame, sondern greifbarer noch in der entsetzlich-lächerlichen Wandlung der Güllener unter dem Einfluß dieser Macht.

3. Schließlich erweist sich hier, daß es keine einseitig Schuldigen und Verantwortlichen gibt. Ausdrücklich bezeichnet Dürrenmatt die Güllener als „nicht böse, nur schwach", von denen er sich durchaus nicht distanziert. Er ist nicht so sicher, ob er anders handeln würde. Ill jedoch wird zum „mutigen Menschen". Nur er wird — gerade weil er allein stehen muß — zum „Verantwortlichen", zum „Schuldigen". Durch ihn wird die „verlorene Weltordnung" wiederhergestellt.

(Paul-Josef Breuer)

3.8 PARADOXIE, IRONIE UND GROTESKE IN DÜRRENMATTS TRAGIKOMÖDIE „DER BESUCH DER ALTEN DAME"

(Welche dinglichen Zeichen und Vorgänge gewinnen gleichnishaften Charakter?)

1. Die Stadt Güllen, die „irgendwo" zu finden ist, ist ruiniert und zerfallen. („Gülle" — ein schweizerisches Wort für Jauche!)
   (Zerfall der alten Ordnungen und überkommenen Werte unserer Zeit; Güllen ist überall: Symbolismus.)
2. Außer Alfred Ill hat niemand in Güllen einen Namen. Die anderen sind nur „Der Bürgermeister", „Der Lehrer", „Der Pfarrer" oder gar nur „Der Erste", „Der Zweite" usw.
   (Anonymität der Masse, Verlust der Individualität, Typen.)
3. Der Fahrplan auf dem Bahnhof Güllen ist zerrissen, das Stellwerk verrostet, Schnellzüge halten nicht mehr in Güllen.
   (Preisgegebenheit des Daseins, Verbindungslosigkeit und Isoliertheit, Unmöglichkeit des Entkommens. Der Bahnhof ist Endstation Sehnsucht. Hier versammeln sich die Güllener mit einem letzten Rest von Hoffnung im Herzen.)

4. Die „Platz-an-der-Sonnehütte" ist eingegangen.
   (Zusammenbruch der Wertewelt; Ironie der Namensgebung.)
5. Die Inschriften auf dem Empfangsplakat für Claire Zachanassian werden nach Bedarf ausgewechselt.
   (Wendigkeit und Charakterlosigkeit unserer Zeit; Anpassung an die jeweilige Lage.)
6. Niemand in Güllen hat eine Uhr.
   (Preisgegebenheit an das Schicksal, Stillstand der Zeit, zeitlose Dauer eines hoffnungslosen Zustandes.)
7. Beim Einzug der Frau Zachanassian in Güllen ertönt die Feuerglocke. (Gefahr ist im Verzug.)
8. Die beiden ehemaligen Zeugen Ills, die einst Meineide schworen, befinden sich als Eunuchen Koby und Loby im Gefolge der Claire Zachanassian. Sie sind kastriert und blind. Sie plappern mechanisch. Diskrepanz zwischen der „fröhlichen" Äußerungsform und dem Inhalt der Aussage: „Wir sind blind".
   (Falsche Aussage, Verschweigen der Wahrheit, Strafe für Lügen.)
9. Der schwarze Sarg im Gefolge der Milliardärin.
   (Gefährdung und Bedrohtheit des Daseins, Vorausdeutung auf das Vorhaben der Milliardärin und auf kommendes Unheil.)
10. Im „Goldenen Apostel" zerfällt die Einrichtung, der Gips bröckelt ab. (Ironie der Namensgebung; Verfall der Stadt Güllen und der menschlichen Ordnung; Zusammensturz der äußeren Fassade.)
11. Bürger markieren die Bäume, Fliegenpilze und Rehe im Konradsweilerwald.
    (Ausschaltung der Natur; Verfremdung.)
12. Ills scheinbare Freude und Gier wird grausam gedämpft: Ill hat in der Absicht, auf Claire Zachanassians Schenkel zu schlagen und ihre Hand zu küssen, sich am Scharnier ihrer Prothese weh getan und sich über eine Elfenbeinhand gebeugt.
    (Makabre Ironie, Absurdität des Daseins.)
13 Das von Claires Vater errichtete „stark besuchte", „stark beachtete" „Gebäude" ist nur eine Bedürfnisanstalt.
    (Wichtigtuerei, Angeberei ohne Grund; Anprangerung falschen Scheins.)
14. Der Bürgermeister betont in seiner Rede, daß Claire Zachanassian

unvergessen geblieben sei. Aber ein Notizbüchlein muß seinem Gedächtnis nachhelfen.
(Paradoxie und Ironie.)
15. Die früheren schlechten schulischen Leistungen der Claire Zachanassian werden jetzt als vorbildlich hingestellt.
(Verlogenheit aus Konjunkturpolitik und Gewinnsucht.)
16. Jugendlichen Vergehen der Claire Zachanassian werden jetzt edle Motive (Gerechtigkeitsliebe, Wohltätigkeitssinn) untergeschoben.
(Verlogenheit aus Konjunkturpolitik und Gewinnsucht.)
17. Alle Güllener tragen neue gelbe Schuhe.
(Zeichen der Gier, des Neides, der Eifersucht und des unlauteren Wohlstandes.)
18. Geld für einen Mord, Konjunktur für eine Leiche.
(Gewissenlose Versuchung, die mit der Anfälligkeit und Verführbarkeit der Menschen spekuliert.)
19. Mit den Schulden steigt der Wohlstand.
(Widerspruch: Scheinblüte.)
20. Man jagt Claire Zachanassians „Schoßhündchen", den schwarzen Panther — man jagt Ill. Claire nannte ihn früher: „Mein Schoßhündchen", „mein schwarzer Panther". Der schwarze Panther wird erschossen und liegt tot vor Ills Ladentür; Ill wird ebenfalls getötet.
(Grotesk-symbolische Parallelhandlung; der Panther — Ills „Sympathietier"; die Jagd auf das Tier — Gleichnis für die Jagd auf Ill.)
21. „In Güllen hat Goethe übernachtet, Brahms ein Quartett komponiert. Diese Werte verpflichten."
(„Humanistische Tradition" nur Schein; trotzdem Fortschrittsgläubigkeit, Sensationslust, Gier nach materiellen Gütern und Wohlstand, Gewissenlosigkeit; geistige Werte verpflichten nicht: Groteske.)
22. Den Zug, mit dem Ill Güllen verlassen will, kann er nicht besteigen, obwohl ihn niemand daran hindert.
(Ausgeliefertsein an das eigene Schicksal, Lähmung durch Angst.)
23. Claire Zachanassian im Brautkleid in einer verfallenen Scheune mit modernem Gerümpel. Brautschleier und Spinnweben.
(Kontrastwirkung, paradoxe Situation, Groteske.)
24. Ill schlägt sein eigenes Bild, das in Öl gemalt wurde, dem Maler über den Kopf. Es ist zerfetzt.
(Ills Bedeutung ist dahin; er hat ausgespielt. Vergänglichkeit des Menschen.)

25. Vor der Gier nach dem Geld weicht die Humanität zurück.
 (Grausame Erkenntnis der Wahrheit; Schlechtigkeit der menschlichen Natur; „Der Mensch ist im Grunde seines Herzens böse" [Nietzsche].)

26. Über den Tod Ills soll so verhandelt werden, daß nur die Eingeweihten den Sinn der Worte verstehen.
 (Scheinbare Humanität, hinter der sich aber die absolute Grausamkeit der Menschen verbirgt. Wir leben in einer Welt der Lüge und des Scheins. Groteske: Man spielt Komödie mit dem Tod eines Menschen.)

27. Die Presse soll dahin unterrichtet werden, daß Frau Zachanassian eine Stiftung errichten werde und Ill als ihr alter Jugendfreund diese Stiftung „vermittelt" habe.
 (Lüge, um den Schein zu wahren; Pharisäertum; Tarnung eines verabscheuungswürdigen Verbrechens vor der Weltöffentlichkeit aus persönlichem Eigennutz.)

28. Der Bürgermeister will Ill dazu verleiten, sich selbst zu erschießen. Ill bietet dem Bürgermeister „Feuer" für seine Zigarette an.
 (Makabre Ironie.)

29. Die imaginäre Autofahrt Ills mit seiner Familie.
 (Die Wohlstandsatmosphäre; Interessen der Menschen auf Kosten Ills; Ills „letzte Fahrt".)

30. Claire Zachanassian wechselt ihre Gatten von heute auf morgen.
 (Anprangerung der Leichtlebigkeit der Zeit; die Ehe ist kein Sakrament mehr; alle tieferen Bindungen fehlen; Zersetzung der Moral.)

31. Claire Zachanassian fordert ihren neunten Gatten auf, nicht zu denken. Er „tut" es. Nun sieht er aus wie ein Diplomat. Er geht „forschen".
 (Verspottung des gedankenlosen Menschen unserer Zeit, insbesondere des Diplomaten. Vormachtstellung der Frau, der „Ehemann" als Playboy. Archäologie als Modewissenschaft unserer Zeit.)

32. Das Lied auf der Gitarre: „O Heimat süß und hold".
 (Parodie auf Heimatschnulzen. Paradoxe Situation Ills. Groteske.)

33. Ills Dank für die Kränze und Blumen auf dem für ihn bestimmten Sarg im „Goldenen Apostel".
 (Makabre Situation Ills; alles wirkt wie ein Hohn, selbst die Aussicht, in Capri mit dem Blick aufs Mittelmeer bestattet zu werden.

Nutzlosigkeit eines sinnlosen Trostes. Groteske: Sentimentalität und Reiseprospekt-Kitsch auf einen Toten bezogen!)

34. Ist die Gerechtigkeit käuflich?

(Anklage gegen die sittliche Verwahrlosung und Haltlosigkeit der Zeit, die ethische Werte um des Geldes willen verrät.)

35. Unter dem Vorwand, das Böse nicht mehr „aushalten" zu können und keine ungerechten Taten mehr begehen zu wollen, verfällt man gerade — sich selbst belügend — dem Bösen der Ungerechtigkeit.

(Selbstbetrug der Menschen, Pharisäertum der Zeit.)

36. Verkennung der tatsächlichen Gegebenheiten durch den Radioreporter, der alles so berichtet, wie e r es sieht und der doch alles falsch sieht.

(Falsche, subjektive Berichterstattung der Presse, die Schein für Wahrheit nimmt und die wahren Hintergründe eines Geschehens nicht erkennt. Anprangerung eines oberflächlichen Journalistentums.)

37. Die Stiftung der Claire Zachanassian wird angeblich nicht des Geldes wegen, sondern der Gerechtigkeit wegen und aus Gewissensnot angenommen.

(Selbstbetrug, Pharisäertum.)

38. Die Abstimmung im „Goldenen Apostel" über die Hinrichtung Ills wird wegen einer Panne der Filmwochenschau ungeachtet der Seelenqual Ills wiederholt. Aber manches, wie Ills Schrei „Mein Gott!", ist nicht wiederholbar.

(Die Massenmedien nehmen keine Rücksicht auf den Einzelmenschen, der für sie nur ein Objekt der Darstellung ist. Grausamkeit des „Betriebs" der modernen Zeit, Sensationslust.)

39. Während die Presse-, Rundfunk- und Filmleute einen Imbiß einnehmen, wird Ill getötet.

(Schon vorher: Während Claire Zachanassian auf ihrem Balkon frühstückte und Kaffee trank, wurde Ill „gejagt" und verging in Angst. Paradoxie; Absurdität des Daseins.)

40. Ills Tod wird als Tod aus Freude, Tod durch Herzschlag ausgegeben.

(Selbst vor dem Tod macht die Verlogenheit und Gewinnsucht keinen Halt. Anprangerung der Morallosigkeit und Heuchelei unserer Zeit. Groteske Verzerrung der Wahrheit. Selbstgefälligkeit und Eigennutz triumphieren. Banalität der Presseberichterstattung, die in schreiendem Gegensatz zu dem wahren, entsetzlichen Geschehen steht: „Das Leben schreibt die schönsten Geschichten".)

3.9 DIE SCHLUSS-SZENE IN DÜRRENMATTS DRAMA „DER BESUCH DER ALTEN DAME"

Die letzte Geste und das letzte Wort in Dürrenmatts Drama „Der Besuch der alten Dame" hat Claire Zachanassian. „Der Scheck", sagt sie zum Bürgermeister. Nicht mehr, nicht weniger. Auch die Regieanweisung verrät nichts über den Ton, in dem sie das sagt. Ist herrische Kälte in diesem Wort? Oder Abscheu und Trauer? Abscheu scheint das Wahrscheinlichste, nicht nur, weil die Szene unter Dürrenmatts eigener Regie im Berner Atelier-Theater 1959/60 so gespielt wurde. Abscheu entspricht auch am ehesten unserer Interpretation dieser Rolle. Abscheu vor dem Bürgermeister wie vor dem Scheck. Wir stimmen Ernst Nef zu, der von dieser Szene sagt: „Sie bereut ihre Tat nicht, noch schämt sie sich ihrer; aber sie verabscheut jene Welt, in der eine Tat wie die ihrige geschehen konnte. Damit wäre das Drama eigentlich zu Ende. Aber Dürrenmatt hängt noch eine letzte Szene an, die Chorszene. Warum tut er das?

Es lassen sich wohl mehrere Gründe nennen. Da ist einmal die sinnfällige Abrundung des Geschehens durch die Rückversetzung in die Szenerie des Anfangs. Der Kreis schließt sich, wenn die Güllener sich noch einmal dort versammeln, wo die „unfaßbaren Mächte" von außen in die Stadt eindrangen und ihre Herzen vergifteten. Die Dämonen des Chaos entsteigen heute nicht mehr dem Orkus, sie kommen per D-Zug; sie haben nicht die Macht des Mythos, sondern die Finanzkraft der Börse. Deshalb verlassen sie auch hier wieder die Menschen: per D-Zug — und lassen eine Welt zurück, von ihrem Ungeist geprägt: eine Apotheose des Wohlstands, „etwas technisch Blitzblankes, Reichtum, ein Welt-Happy-End".

Diese Schlußszene hat aber noch eine zweite Funktion. Der Ausgang der vorigen Szene (die Tötung Ills) war kaum noch grotesk zu nennen, er war nur noch entsetzlich. In dieser Schlußszene nun herrscht das Groteske wieder uneingeschränkt. Das künstlerische Mittel für die groteske Wirkung ist hier die Parodie. Die Parodie des antiken Chores hat aber eine ganz besondere Funktion. Zwar erkennen wir die formalen Merkmale der Parodie: Beibehaltung der Form des parodierten Vorbildes, aber Herstellung einer komischen Spannung durch entscheidende Änderung des Inhalts (hier: feierliche, hochstilisierte Form — banaler Inhalt) ... Die Güllener sprechen ihrer viel beschworenen „sittlichen Größe" gemäß mit feierlichem Pathos, aber die Banalität des Gesprochenen macht nicht nur diesen Chor lächerlich, sondern rückwirkend auch noch einmal jene leeren Phrasen von „sittlicher Größe", „Gerechtigkeit" und „Menschlichkeit". Da aber jenen Phrasen ein Mensch zum Opfer gefallen ist, stellt sich mit der Wirkung des Lächerlichen die des Schauderns ein. Unter dem Einfluß dieser letzten grotesken Szene enthüllt sich dem Zuschauer noch einmal der Kontrast zwischen der Ordnung materiellen Wohlstandes dieser „Arrivierten" und ihrer totalen moralischen Desintegration ... Das Nebeneinander von reiner Groteske und Nicht-mehr-Groteske im Drama Dürrenmatts entspricht genau dem Anliegen des Dichters. Die Welt ist eine „Ungestalt", ein „Chaos" – und so nur in der Groteske noch gestaltbar. Aber es gibt auch den das Chaos bannenden, die Ungestalt überwindenden Menschen – nämlich Alfred Ill – und er kann deshalb nicht grotesk gestaltet werden.

Als individuelle Sühne des „mutigen Menschen" für eine individuelle Schuld erhält Ills Tod durchaus eine Sinngebung: indem er ihn willig hinnimmt, stellt er die „verlorene Weltordnung in seiner Brust wieder her".

Begibt man sich auf den Boden der Dürrenmattschen Dramaturgie, so ist das Miteinander von Groteske und Sinngebung von unheilbarer und heilbarer Welt kein Stilbruch, sondern sinnvolle Ergänzung. Dürrenmatt entläßt den Zuschauer in der ratlosen Beklommenheit des Menschen, dem der feste Boden unter den Füßen weggezogen wurde – aber dennoch auch mit der Hoffnung, dem „Rätsel an Unheil" begegnen zu können: mit der Kraft des „mutigen Menschen", der das Chaos überwindet in „persönlicher Leistung", in „religiöser Tat".

(Paul-Josef Breuer)

3.10 DER EINZELNE HAT DIE WELT ZU BESTEHEN

Es geht dem Dramatiker Dürrenmatt nicht um die Bereinigung vordergründiger Übelstände in Staat, Politik, Gesellschaft und Familie, sondern um die Darstellung menschlicher Ur-Konflikte, wie sie das große Drama seit der Antike immer gestaltete: der Mensch zwischen Treue und Verrat, zwischen Macht und Hingabe, zwischen Unrecht und Gerechtigkeit. Das Bewußtmachen jener menschlichen Ur-Konflikte in der Form der Groteske rückt den „Helden" notwendigerweise in die Nähe der tragischen Position. Nur der Umstand, daß in einer grotesken Welt keine allgemeine Rettung ist – nur der einzelne vollzieht sie durch seine Moral –, unterscheidet den wirklichen tragischen Helden (einer moralischen Weltepoche) von den Helden der Groteske. „Die Chance liegt allein noch beim einzelnen. Der einzelne hat die Welt zu bestehen. Von ihm nur ist alles wiederzugewinnen", sagt Dürrenmatt in „Theaterschriften". Dürrenmatts Helden gewinnen am Rande des Abgrunds ihre Tiefendimensionen, d. h. ihre glaubhafte Übersteigerung, wie auch das Drama selbst dadurch den gewünschten Schluß findet: „Eine Geschichte ist dann zu Ende gedacht, wenn sie ihre schlimmstmögliche Wendung genommen hat." Eine solche Zielsetzung ist gewollt irritierend, aber gerade die Wendung zur Paradoxie, die überall lauert und das Erhabene unversehens ins Gegenteil verwandelt, erzeugt den wirksamen Schock, von dem sich Dürrenmatt als Moralist auf der Bühne therapeutische Wirkungen verspricht. Der Zuschauer soll provoziert werden, wie bei Brecht und Ionesco, und durch Provokation zum Nachdenken gezwungen werden.

Die unwiderstehliche Wirkung der Tragigroteske „Der Besuch der alten Dame" liegt in der Überschaubarkeit der dramatischen Fabel vom Sieg einer alten „Dame" über den Zerstörer ihrer Jugend und ihres Glücks, die zugleich der ironische Triumph der Halbwelt und des Geldes über die (vorgetäuschte) Wohlanständigkeit ist. Angesichts einer solchen Bankrotterklärung der bürgerlichen Moral verfehlt auch das Selbstopfer seinen Sinn, wenn es ein solches wäre: Denn dieses Opfer führt nicht zur moralischen Verbesserung der Lage, sondern nur zum ersehnten Wohlstand; aber es ist ja kein Opfer, sondern ein Verzweiflungsakt der Auswegslosigkeit.

Dem Lehrer als dem Vertreter des humanistisch-christlichen Bildungsideals wird die Rolle zuteil, das Versagen einer Weltanschauung durch das eigene Versagen symbolisch vorzuführen. Er ist der einzige, der beim Anblick der Dame Zachanassian die Fäden spinnende Schicksalsgöttin wittert: „Meine Herren: Ich bin erschüttert. Zum erstenmal fühle ich antike Größe." Später bekennt er Ill: „Die Versuchung ist zu groß und unsere Armut zu bitter. Auch ich werde mitmachen. Ich fühle, wie ich langsam zu einem Mörder werde. Mein Glaube an die Humanität ist machtlos." Am Schluß ist er es, der Verteidiger der Moral und Humanität, der den Güllenern das Gewissen erleichtert, indem er die treffendsten Formulierungen für Ills Schuld findet. Er versagt, wie sie alle versagen. Menschlichkeit und Vernunft sind ein Kredit, der überall beansprucht, aber selten beglichen wird.

(Walter Urbanek)

MATERIALIEN

4. SCHEIN UND SEIN IN DÜRRENMATTS „BESUCH DER ALTEN DAME"

1. Claire Zachanassian
Die in Güllen eintreffende alte Dame ist die Multimilliardärin Claire Zachanassian (Fiktivbildung des Namens aus den Namen des Öltankbesitzers Aristoteles Onassis, des Rüstungsmagnaten Basil Zacharoff und des Erdölmagnaten Sarkis Gulbenkian), in Wirklichkeit aber die aus Güllen stammende Kläri Wäscher. Sie, die als Rächerin und Vollzugsperson ethischer Grundwerte erscheint, scheint das Prinzip der Gerechtigkeit zu postulieren, Rechte der Menschlichkeit zu verteidigen; in Wirklichkeit ist sie selber aller Menschlichkeit entkleidet: sie hat ein künstliches Bein, eine künstliche Hand, ist mit menschlichen Automaten umgeben, eher Roboter als Mensch, und sie erzeugt neues Unrecht: „Die Welt machte mich zur Hure, nun mache ich sie zu einem Bordell. Wer nicht blechen kann, muß hinhalten ... Güllen für einen Mord, Konjunktur für eine Leiche."

2. Ill
Ill (Fiktivbildung des Namens aus engl. ill = übel, schlimm, böse) erscheint das von der alten Dame, von seiner früheren Geliebten ausersehene Opfer zu sein, das sie für die durch ihn erlittene Schmach liquidieren will, scheint der von den Güllenern Verstoßene, der in dem grausamen Wiedergutmachungsprozeß Unterlegene, der am Ende Besiegte zu sein; in Wirklichkeit ist aber er der einzige, der Größe gewinnt, der tapfere Mensch, der sich überwindet, seine Schuld auf sich nimmt, zu ihr steht, für sie büßt und so zum eigentlichen Held und Sieger wird. (Parallelen zu Schillers Gestalt der Maria Stuart werden offenbar).

3. Güllen
Die verarmte Stadt Güllen beginnt in Erwartung der „großzügigen" Finanzhilfe der Kläre Zachanassian zu florieren; die Bürger beginnen, auf größerem Fuß zu leben, Anschaffungen zu machen, ihren Lebensstandard durch Kreditaufnahme zu heben; am Ende scheint Güllen zu Wohlstand gekommen zu sein, saniert zu sein; in Wirklichkeit aber tragen alle Bürger das Kainszeichen, sind geistig „ärmer" als zuvor; Güllen wird zu einer Stadt, die ihre Moral verkauft hat, die um des Wohlstandes willen die Schuld vergißt, die sie erneut auf sich geladen hat.

4. Der hybride Bauboom
Am Beispiel der Stadt Güllen stellt Dürrenmatt den hybriden Bauboom heraus, dem eine Stadt und ihre Stadtverwaltung anheimfällt, welche die naturgegebenen Gesetze ihres Wachstums und ihrer Eigenart nicht berücksichtigt.

Nicht umsonst ist der fiktive Ortsname von Dürrenmatt in Anlehnung an das alemannische „gülle" gebildet, was soviel wie Wasserlache, Tümpel, Schmutzloch, Jauche bedeutet; vergleiche auch das Wort Gully.
Verantwortungslosigkeit und Hybris kennzeichnen die wirtschaftliche Entwicklung und baulichen Veränderungen, die infolge des Wohlstandseinbruchs und Geldüberflusses, infolge der Hochkonjunktur in Güllen sich vollziehen; die ungeheure Investitionstätigkeit, der rasante Aufbau, der überwältigende technische Fortschritt faszinieren die alles Maß verlierenden Güllener; aber zugleich mit der Auswucherung der Bautätigkeit, der Errichtung moderner Zweck- und Verwaltungsgebäude in Chrom und Glas und Neonbeleuchtung wird das eigentliche Güllen zerstört, werden auch die Seelen seiner Bewohner vernichtet: scheinbar Reichtum, in Wirklichkeit Verarmung. Ähnliches hat sich in der Mitte unseres Jahrhunderts in der Stadt Frankfurt am Main abgespielt, die durch sinnlose und architektonisch einfallslose Bautätigkeit der Banken und Konzerne das aus alter Tradition erwachsene, gemüthafte, schöne alte Stadtbild völlig zerstört und in eine Groteske verwandelt hat — so wie auch Güllen im Schlußakt des Dürrenmatt-Dramas zu einer Groteske geworden ist.

5. ANTIKE ELEMENTE IN DÜRRENMATTS „BESUCH DER ALTEN DAME"

1. Das Jason-Medea — Motiv
„Die Elemente der Fabel, die Dürrenmatt gewählt hat, sind uralt. Sie erinnern an das Schicksal Medeas in der antiken Tragödie des Euripides. Gleich Jason ist auch Alfred III einer jener Männer, die um materieller Vorteile willen eine Frau verlassen, obgleich sie ihm alles gegeben hat und ohne ihn vor dem Nichts steht. Ihr später erworbenes Vermögen versetzt sie in die Lage, wie eine Heldin der griechischen Tragödie, Medea etwa zu handeln und ihr Rachewerk mit größter Zuverlässigkeit zu verrichten." (Wilhelm Duwe, Ausdrucksformen deutscher Dichtung, Berlin 1965, S. 189 f.)

2. Das Motiv der Parze und der Nemesis
Kurz nach ihrer Ankunft in Güllen äußert sich der Lehrer über Kläre Zachanassian: „Kommt mir vor wie eine Parze, wie eine griechische Schicksalsgöttin ... Ich bin erschüttert. Zum ersten Mal in Güllen fühle ich antike Größe." Und im dritten Akt sagt er zu ihr: „Sie verlangen absolute Gerechtigkeit. Wie eine Heldin der Antike kommen Sie mir vor, wie eine Medea." Als die Güllener den von der alten Dame mitgeführten Sarg sehen, fragen sie sich verwundert, ob sie wohl etwa Lebensfäden spinne. Immer wieder wird das Motiv der Parze, der Schicksalsgöttin herausgestellt. Für Güllen und III ist die alte Dame

tatsächlich so etwas wie eine Schicksalsgöttin. Güllen bringt sie ein neues Leben, eine veränderte Existenz und Ill — den Tod.
Als Parze, als Schicksalsgöttin steht Claire Zachanassian jenseits des Menschlichen, sie ist ein Abstraktum, sie ist absolut. Sie ist nicht gerecht, sondern die Gerechtigkeit, sie ist die Rache schlechthin, ein Roboter, der nur von Mechanismen, von Prothesen bewegt wird. Sie hat weder Gemüt noch Herz, sie denkt nur an den Vollzug ihrer Rache. Dürrenmatt hat sie als Parze konzipiert.

3. Das Motiv der analytischen Tragödie

„Das Stück zeigt, obwohl es fortschreitend angelegt ist, zugleich eine zurückgewendete Struktur, indem es allmählich die Vorgeschichte von Ill und Klara aufdeckt, und zwar nach dem Schema des „König Ödipus" von Sophokles: in der Analyse der Vorgeschichte enthüllt sich allmählich die Schuld Ills, die er mit seinem Tod, dem tragischen Ende, sühnt." (Jan Knopf, Friedrich Dürrenmatt, München 1976, S. 91)

4. Das Motiv des antiken Chors

In Sophokles „Antigone" beschließt der Chor die Tragödie mit Gesängen, welche die Größe des Menschen preisen. In Dürrenmatts „Besuch der alten Dame" beschließt der Chor die Handlung mit Gesängen, welche die Schrecken der Welt, die Armut und das Elend des Menschen besingen. Die Bedeutung des antiken Chors hat Schiller in der Vorrede „Über den Gebrauch des Chors in der Tragödie", die er seinem Drama „Die Braut von Messina" vorangestellt hat, gekennzeichnet. Dort heißt es unter anderem: „Der Chor ist selbst kein Individuum, sondern ein allgemeiner Begriff; er repräsentiert sich durch eine sinnlich mächtige Masse, welche durch ihre ausfüllende Gegenwart den Sinnen imponiert. Der Chor verläßt den engen Kreis der Handlung, um sich über Vergangenes und Künftiges, über ferne Zeiten und Völker, über das Menschliche überhaupt zu verbreiten, um die großen Resultate des Lebens zu ziehen und die Lehren der Weisheit auszusprechen ... Der Chor reinigt also das tragische Gedicht, indem er die Reflexion von der Handlung absondert und eben durch diese Absonderung sie selbst mit poetischer Kraft ausrüstet ... So wie der Chor in die Sprache Leben bringt, so bringt er Ruhe in die Handlung — aber die schöne und hohe Ruhe, die der Charakter eines edlen Kunstwerkes sein muß." —

„Dürrenmatts Chor besitzt zwar formal Ähnlichkeiten mit dem Chor der klassischen Tragödie, unterscheidet sich von diesem jedoch im wesentlichen: Er ist Parodie mit satirischen Zügen.
1. Die Sprecher des griechischen Chores sind die Weisen, die Alten, die Hüter des Nómos (= des Gesetzes), worauf das Gefüge der Pólis beruht und der die Gemeinschaft der Políten (= Bürger der Pólis) garantiert.

Die Chorsprecher der Güllener sind „Menschen wie wir alle" (Dürrenmatt), fern von tragischem Heldentum, Unwissende hinsichtlich der ihnen entgegenstehenden Welt, Verunsicherte und Geblendete in einem Kosmos, den sie letztlich nicht mehr durchschauen können.

2. Inhalt des Sophokleischen Chores ist die Größe des Menschen, der die ihn umgebende Welt beherrscht, „der kundige" Mensch, der „den luftigen Gedanken" erlernt hat.

Die Thematik des Güllener Chores lautet gerade umgekehrt: Ungeheuer ist die Welt, die den Menschen in Naturkatastrophen, Krieg und Armut gefangenhält. „Der Mensch sieht sich immer gewaltiger von Dingen umstellt, die er zwar handhabt, aber nicht mehr begreift" (Dürrenmatt: „Vom Sinn der Dichtung in unserer Zeit". In: „Theater Schriften", S. 59). Sein Kosmos ist unüberschaubar geworden, „...ein Rätsel an Unheil, das hingenommen werden muß, vor dem es jedoch kein Kapitulieren geben darf. Die Welt ist größer denn der Mensch, zwangsläufig nimmt sie bedrohliche Züge an..." (Dürrenmatt: „Theaterprobleme". In: „Theater-Schriften", S. 123).

3. Die Funktion des Sophokleischen Chores ist für den adäquaten Hörer eine sichere Orientierung. All das vom Nómos abweichende Bühnengeschehen um Kreon wird vom Chor objektiv verurteilt, Recht und Unrecht scheidet er mit sicherer Stimme.

Der Chor der Güllener erscheint in seiner Funktion ebenfalls als „Standortbestimmung", jedoch „als gäbe ein havariertes Schiff, weit abgetrieben, die letzten Signale".

Die inhaltliche Erwartung, die hier die klassische Chorform beim Hörer erweckt, wird nicht erfüllt. Denn dieser Gesang zeigt die durch den Opfertod Ills noch immer nicht gewitzten und moralisch heruntergekommenen Güllener, die eigentlich „gar kein Recht haben, in einen feierlichen Chor auszubrechen." (Karl Schmidt, Erläuterungen und Dokumente, Stuttgart 1975, Reclams Universal-Bibliothek Nr. 8130, S. 73 f.)

6. DIE ANTIKEN ELEMENTE SIND UNANTIK

Die antike Tragödie war auf eine Verherrlichung des Göttlichen bedacht. Dürrenmatts Tragikomödie „Der Besuch der alten Dame" zeigt die totale Entgötterung der Welt. Insofern sind die herangeholten antiken Elemente nur aufgeklebte Etiketten, die äußerliche Beziehungen zur antiken Tragödie herstellen sollen, in Wirklichkeit aber nur den unüberbrückbaren Gegensatz verdeutlichen, der zwischen der echten, weil homogenen Tragödie der Antike und der konstruierten Schein-Tragödie Dürrenmatts besteht. Eduard Schweizer (Friedrich Dürrenmatt in Reformatio 5, März 1965, S. 156 f.) äußert sich zu diesem Thema wie folgt:

„Das erste, was sichtbar wird, ist dies, daß sich hier alles in einer völlig entgötterten Welt abspielt. Das tritt besonders kraß in Erscheinung, weil sich das Geschehen stark der antiken Tragödie annähert. Unentfliehbar zieht sich vom ersten bis zum letzten Akt das Schicksal über III zusammen. Aber es sind keine Erinnyen, die ihn in Angst und Untergang hetzen. Rings um ihn sind nur seine Mitbürger versammelt... Kein Deus ex machina erscheint, um alles zu lösen. Am krassesten tritt die Entgötterung im Schlußchor ans Licht, der deutlich und bewußt Sophokles imitiert. Aber in welch blasphemischer Weise! Der Chor ist nicht mehr jene aus dem Geschehen herausgehobene, es von höherer Warte aus kommentierende Schar. Es sind keine den irdischen Wirrnissen enthobene „Engel", die hier ein göttliches Gesetz verkünden; es sind einfach die Güllener, deren Chorlied keinerlei Läuterung aufweist, sondern im Gegenteil nur den Lobpreis des Geldes singt und um das Andauern des Wohlstandes fleht. Ein Göttersturz sondergleichen ist hier vollzogen... Die Entgötterung ist eine totale."
Und Manfred Durzak (Dürrenmatt, Frisch, Weiss. Stuttgart 1972, S. 96 f.) schreibt: „Die Gesetze des Konsums haben die moralischen Gesetzmäßigkeiten (die in der antiken Tragödie bestimmend sind) ersetzt. Der Säkularisierungsprozeß ist ans Ende gelangt. Der Widerstreit zwischen dem von Gott verhängten Schicksal und dem moralischen Vermögen des Menschen hat sich auf die Alternative Armut oder unbegrenzter Konsum eingeebnet: ein Höhepunkt, der sich als umfassende Veräußerlichung aller idealen Haltungen (wie sie in der antiken Tragödie zum Ausdruck kommen) verstehen läßt."

7. DÜRRENMATTS „BESUCH DER ALTEN DAME" - SOZIALE SATIRE ODER PASSIONSSPIEL?

(Peter Demetz, Die süße Anarchie, Frankfurt a.M. 1973, S. 188 f.)

Die sparsame Struktur wirft Interpretationsfragen auf, denn es ist leicht, die Andeutungen des mageren Textes zu ignorieren und, wie es oft geschieht, den Besuch entweder als soziale Satire gegen die zeitgenössische Konsumgesellschaft zu betrachten (als gäbe es solche Satiren nicht zu Dutzenden) oder als Passionsspiel, das ein zeitlos biblisches Ereignis neu artikuliert. Vielleicht ist es fruchtbar, beide Interpretationsmöglichkeiten zu kombinieren: Claire Zachanassian spielt alle gegeneinander aus, die geldgierige Gemeinde und ihren früheren Geliebten, und beobachtet dann ruhig, was geschieht. Sie hat ihren teuflischen Charme und herrscht durch ihre Reichtümer, ihre künstlichen Gliedmaßen aus reinem Elfenbein und ihre Bordell-

Erfahrungen über alles unbedeutende Leben; den Plan für den Prozeß gegen Ill hat sie seit vielen Jahren ausgearbeitet. Claire weiß, daß die Menschen der Versuchung nur schwer widerstehen, und hat nicht unrecht; kurz nach ihrer Ankunft beginnt der große Konsum, und die Repräsentanten der politischen, religiösen und intellektuellen Ordnung bleiben von dem allgemeinen Fieber nicht verschont. Im Gegenteil: der Polizist hat einen neuen Goldzahn, der Bürgermeister will eine neue Stadthalle bauen, der Pastor kauft eine neue Kirchenglocke, die in täuschender Gloria über der Stadt läutet, und der Lehrer, ein gelehrter Humanist, stolz auf seine Kenntnisse der griechischen Mythologie, sucht Besinnungslosigkeit im Trunk: er spürt, wie sein Humanismus zerbröckelt, und weiß, daß auch er, der gelehrte Freund antiker Tugenden, zu einem habgierigen Mörder wird. Aber während der Hunger nach materiellen Gütern die Bürger der Gemeinde korrumpiert, erhebt sich Ill zu tragischer Einsicht und sittlichem Mut: er war zunächst entschlossen, seine Schuld an Claires Leiden und dem Tod seines Kindes zu beschönigen und vage von den Schwierigkeiten des Lebens zu reden, ist aber mehr und mehr bereit, die Schuld zu sühnen. Auf der Gemeinderatssitzung deutet er mit seinem gequälten und einsamen Schrei nach Gottes Gnade an, daß er seinen Tod selbst wählt. Sein Schicksal und das Schicksal seiner Mitbürger sind durch den Knoten der Erlösung und Gewalt verknüpft; von ihrer Habgier getrieben, begehen die modernen Konsumenten Güllens einen Mord, aber was von außen als Mord erscheint, hat von innen die Realität eines bedeutungsvollen Todes, welcher einen schäbigen Krämer in einen tragischen Helden alter Größe verwandelt. Die brutale Vernichtung eines menschlichen Lebens aus materiellen Gründen und ein freiwilliger Tod sind eins, und es ist schwierig, sich Dürrenmatts schrecklicher Implikation zu verschließen, die Gerechtigkeit des unsichtbaren Gottes gehe ihren mühsamen widersprüchlichen Weg.

8. DIE PROBLEMATIK DER TRAGIKOMÖDIE „DER BESUCH DER ALTEN DAME"

(Hans-Jürgen Syberberg, Zum Drama Friedrich Dürrenmatts, München 1974, S. 62 ff.)

Als vorläufiger „Vorwurf der Problematik" wurde die Gerechtigkeit genannt. In enger Verbindung zu ihr stehen die Motive der Liebe und Rache (Claire Zachanassian), der menschlichen Gebrechlichkeit (die Güllener) und die Demut und Tapferkeit (anstelle des „Heldenmuts") des Menschen in der Anerkennung seiner Schuld (Ill).

Das Drama kennt durchaus die aus der Tradition des Dramas gebräuchlichen Begriffe des „Schicksals", der „Freiheit" und des „Helden", wenn auch in einer ungewöhnlichen, abgewandelten Form. Das „Schicksal" kommt über die Güllener und III in der Gestalt der „alten Dame", sie ist der „Katalysator" (63), der die handlungstragenden Personen des Dramas, also die Güllener, zu einer Reaktion (nicht zu einer Aktion) zwingt. Dieses „Schicksal" wird als ein impersonales Fatum offenbar, als die zufällige Fatalität mit der Frage an jedermann, an seine Menschlichkeit und die vielberufene „Humanität". Die Härte dieser Prüfung trifft die Armseligkeit der Güllener mit solcher Wucht, daß es schwer fällt, ihnen noch eine „Freiheit" zum Handeln zuzubilligen. Sie handeln triebhaft gemäß ihrer Anlage, die eine allgemein menschliche ist, nämlich schwach zu sein und auf die Dauer der Bequemlichkeit zu unterliegen. Nur so ist es zu erklären, daß alle Stände, auch der Pfarrer, der Humanist (Lehrer) und die Vertreter der Öffentlichkeit (Polizist, Bürgermeister), geradezu stellvertretend für alle Menschen, unterliegen. Diese Niederlage darf nicht als eine Mahnung oder verborgene Anklage Dürrenmatts an die heutigen Vertreter dieser Stände ausgelegt werden. Sie ist der Modellfall der wahrscheinlichsten Reaktion aller Menschen aus allen Ständen im Zeichen einer solchen schicksalhaften Prüfung. Daß aber der Mensch sich nicht unbedingt der über ihn hereinbrechenden Fatalität ergeben muß, beweist der Haltung IIIs, dem es durchaus freisteht, sich ohne Anerkennung seiner Schuld gegen den unabwendbaren Mord solange als möglich aufzulehnen. Fügt er sich nur, weil er kein Davonkommen ahnt? Das erscheint nicht glaubwürdig, da Dürrenmatt andere Personen, in anderen Stücken, anläßlich ähnlicher Situationen ihre Demut bekennen läßt (64). III, der sogenannte „Held", ist die „problematische" Hauptfigur des Dramas. Seine Aktivität ist ihm beschnitten. In der Haltung der Demut „besteht" der, vom unabwendbaren Geschick getroffene Mensch die Welt, indem er das Geschick, das er nicht abzuwehren vermag und gegen das er sich nicht auflehnt, willig auf sich nimmt. Die Freiheit des Helden im Dürrenmattschen Stück dient allein seiner eigenen Person, er sucht für sich das „Abenteuer zu bestehen", für seine Mitwelt vermag er nichts mehr zu tun, was ihn aber nicht davon freispricht, das Letzte zu versuchen, um seine „Chance" zu wahren und „sich reinzuwaschen". In diesem Sinne hat III „bestanden", die Güllener haben dies „Abenteuer" noch vor sich.

Die außergewöhnlichen Charaktereigenschaften des „Helden" sind zurückgenommen. Das Kennzeichnende der dramatischen Personen sind weniger Persönlichkeitswerte als ihren Stand bezeichnende Eigenschaften, sie neigen zur Typisierung. Das gilt für die Güllener als Repräsentanten der einzelnen Stände, aber auch für III als typisches Beispiel des plötzlich vom Schicksal erfaßten „kleinen Mannes", wie für die Zachanassian als individuelles Monstrum und Schicksalsdämonin (darum die zahlreichen Vergleiche mit der

griechischen Mythologie). III ist der typische „tapfere Mensch", der durchhält, und seine Freiheit beruht in der Reaktion auf den zufälligen Schlag eines „impersonalen Es". Seine Größe offenbart sich in seiner bewußt getragenen Ohnmacht, die er auf sich nimmt, ohne zu verzweifeln.
Hier stoßen die Einzelprobleme an das Kernproblem des Dramas: die Gerechtigkeit. Es erhebt sich die Schuldfrage über die Personen des Stückes, die für ein Modell gegenwärtiger Welt stehen, und da sie sowohl die Gebrechlichkeit und die Schuld, wie die mögliche Tapferkeit oder Demut des Menschen schlechthin verkörpern, wird das Urteil zum Gericht über diese Welt.
Die Handlung wird durch den schicksalhaften Eingriff der Zachanassian verursacht. Sie benutzt die Gerechtigkeit für ihre Rache und fordert um dieser Gerechtigkeit willen einen Mord, der nicht durch Intrigen, sondern mit vollem Bewußtsein und offen, mit aller Selbstverständlichkeit, ausgeführt wird. Aber dieser grausame Mord geschieht ebenso sehr aus Liebe, sozusagen als Verzweiflungstat einer enttäuschten Frau, wie aus Rache, und dieser extreme Ausdruck der Liebe bedeutet für sie, obwohl sie ursprünglich aus einer gewissen Berechtigung handelte, nämlich die an ihr begangenen Untaten zu rächen, höchste Schuld. Die „Problematik" des Dramas verbirgt sie darin, daß es, um ein ethisches, grausames Gericht zu demonstrieren, einen Mord geschehen läßt, daß es eine Gruppe von Menschen (der Gülleners), die eine frühere Untat zu sühnen hatten (die Vertreibung der schwangeren Zachanassian), eine neue Schuld auf sich laden läßt und sie durch das scheinbare Glück ihres Reichtums nur noch tiefer verstrickt, und daß es die unbegrenzte Liebe einer altgewordenen Frau zu ihrem immer noch geliebten Jugendfreund in seiner Ermordung vorführt. Die frühere Schuld Ills wird unter die „radikale Gerechtigkeit" gestellt. Das ursprüngliche Recht der Zachanassian wird durch das Übermaß ihrer Verfolgung zum Unrecht (sie ist damit der Kleistschen Problematik verwandt), und sie vergrößert durch die Überdimension ihrer Liebe das Maß ihres Unglücks. Diese Problematik ist paradox und über das logisch Widersinnige des Paradoxen hinaus hintergründig und unlösbar ausweglos. Die Ausweglosigkeit wird man in einem weltanschaulichen Sinne deuten, da es hier nicht um einen zufälligen Teilaspekt dargestellter Welt, sondern um ein Weltganzes und seinen problematischen Hintergrund geht. Aber letzten Endes wird ein ehrliches Gericht über die letzten Hintergründe der Handlungen angesichts der Vieldeutigkeit der problematischen Motive in einem mehrschichtigen Sowohl-als-auch enden müssen. Das strenge Urteil eines Entweder-Oder und nach Gut und Böse wird in der Welt der Dürrenmattschen Dramen schwer faßbar, wenn nicht gar auf Grund dieser Intentionen überhaupt unmöglich. Die ethische Wahrheit, wie sie die Problematik des Dramas mühsam verbirgt, ruht in der Erkenntnis und der Darstellung der Vielgesichtigkeit der Welt.
Das Drama ist bestrebt, die Vielgesichtigkeit der Welt so kraftvoll wie mög-

lich mit allen ihren Gegensätzen vornehmlich in ihrer gleichzeitigen Komik und Grausamkeit darzustellen. Darin schlägt sich ein Lebensbewußtsein nieder, das von der Erkenntnis der Widersinnigkeit bis zum unverständlichen Unsinn aller Erscheinungen reicht und zu der unumgänglichen Einsicht von der Mehrdeutigkeit der Lebensvorgänge und der menschlichen Handlung führt: das Leben stellt sich als absurd dar, in der vollen Bedeutung des Wortes, wie A. Camus es beschrieben hat. Dem modernen Dramatiker ist die tragische Einseitigkeit aller notwendigen Urteile bewußt, und es weiß von der aussichtslosen Sehnsucht des Menschen nach der endgültigen und einer absoluten Wahrheit, der sie sich auf ihre Weise trotz der Doppeldeutigkeit ihrer vielschichtigen Weltdarstellung immer wieder anzunähern versucht.

Die „Problematik" des dramatischen Vorganges findet ihren künstlerischen Ausdruck, neben ihren Darstellungsmöglichkeiten in der Handlung, innerhalb der formal-ästhetischen Struktur des Dramas. Die „problematischen" Themen des Dramas (Gerechtigkeit, Liebe, Rache, Demut, der „tapfere Mensch" usw.) schließen eine Reihe von Gegensatzpaaren in sich ein. Gegensätze, wie Hoch und Niedrig, Komisch und Tragisch, Aggression und Balance treten in ein Spannungsverhältnis und werden in der Form eines dialektischen Prinzips (z.B. Changieren) und mehr noch in einer Art gegenseitiger Verschmelzung und Durchdringung (z.B. Emblematik) innerhalb der Struktur sichtbar.

9. DIE MÄNGEL DER TRAGIKOMÖDIE DÜRRENMATTS

(Hansres Jacobi, Dürrenmatts „Besuch der alten Dame", Die Welt, 3. Februar 1956)

„Unbefriedigend bleibt, daß das Opferlamm von Anfang an befleckt ist; die Satire wird geschwächt, weil der Mann, der geopfert wird, tatsächlich ein strafbares Verbrechen begangen hat, indem er nicht nur seine Geliebte samt ihrem Kind verlassen, sondern sich der Anstiftung zum Meineid und der Bestechung schuldig gemacht hat. Er hat also eine Strafe verdient, und wenn er nun der Habgier seiner Mitbürger statt der wirklichen Gerechtigkeit zum Opfer fällt, so erscheint das als ein störender Zufall.

Noch störender aber ist die nicht durchgehaltene Konzeption der Claire Zachanassian, die in Güllen auftaucht, um sich an ihrem treulosen Geliebten dafür zu rächen, daß er ihr Leben verpfuschte. Ihr ganzes Leben ist auf der Rache aufgebaut, deren einer Bestandteil auch der Massenkonsum an Ehegatten ist. Am Schluß des Stückes indessen löst sich die vermeintliche Rache in billige Sentimentalität auf: vor der Leiche ihres einstigen Romeo gesteht sie, daß sie ihn tötete, um ihn wieder rein als den Helden ihrer Jugend sehen zu können, um sein Bild unbefleckt in ihrer Erinnerung bewahren zu können. Dieser verwaschene Gefühlsausbruch stört nicht nur die Folgerichtigkeit des Handlungsimpulses der Frau Zachanassian, sondern läßt deren ganzes Leben als reichlich pervers und absurd erscheinen."

(Heinz Beckmann, Eine tragische Komödie in:
Heinz Beckmann, Nach dem Spiel, Theaterkritiken
1950-1962, München 1963, S. 149 ff.)
„Nach dem ersten Akt, der durch seine Exposition besticht, verschlammt die Komödie, aber nicht mehr brodelnd wie einst, sondern zäh, sehr zäh. Und wieder machen sich jene degoutanten, weil unnötigen Übersteigerungen bemerkbar, die bei Dürrenmatt früher einmal für Wildwuchs gehalten werden konnten. Heute denkt man anders darüber. Claire trägt am linken Bein und an der rechten Hand eine Prothese. Ihre Sänfte wird von zwei Raubmördern befördert, die sie aus dem Zuchthaus kaufte. Jene beiden meineidigen Zeugen aber ließ sie blenden und entmannen, um sie als Hampelmänner in ihrem Gefolge mitzuführen. Alle zwei Minuten tröpfelt ein fader Kabarettwitz, bis die Bühne am Ende gar völlig von Reportern und Wochenschaumännern beherrscht wird. Und dann versammeln sich die lieben, mörderischen Gülllner zu einem Sprechchor, in dem die Konjunktur oder sonst was ganz ohne Ironie ironisiert wird. Schade, sehr schade, denn das kalte Rachegelüst der reichen Claire hätte, an ein paar wirklichen Menschen entwickelt, ein ziemlich bedrückendes Drama auslösen können."

(Manfred Durzak, Dürrenmatt, Frisch, Weiss, Stuttgart 1972, S. 96 f.)
„Das Welt-Happy-End, in das Dürrenmatt sein Stück einmünden läßt, stellt geradezu eine Umkehrung jener reinigenden Wirkung dar, die auf die Katastrophe in der antiken Tragödie folgt. Während sich am Ende von Sophokles' „Antigone" der Blick auf die rätselhafte göttliche Ordnung und die moralische Größe des Menschen öffnet, wird bei Dürrenmatt jede als Katharsis zu bezeichnende Wirkung absorbiert. Die Güllener Welt wird nicht in ihren Grenzen erkannt, sondern vielmehr verabsolutiert."
Damit ist der Abstand der Dürrenmattschen Tragikomödie von der echten Tragödie der Antike hinreichend gekennzeichnet.

Die Physiker

1. GANG DER HANDLUNG

1.1 ERSTER AKT

Ort der Handlung ist der Salon einer bequemen, wenn auch etwas verlotterten „Villa" des privaten Sanatoriums „Les Cerisiers". Der Genauigkeit zuliebe wird erwähnt, daß sich die Villa des privaten Sanatoriums — in Wirklichkeit eines Irrenhauses — in einer nervenberuhigenden Landschaft mit blauen Gebirgszügen am Horizont, human bewaldeten Hügeln und einem beträchtlichen See befindet. Dieses Örtliche spielt aber keine Rolle, denn, wie Dürrenmatt ironischerweise bemerkt, beabsichtigt er, die Einheit von Raum, Zeit und Handlung streng einzuhalten, denn einer Handlung, die unter Verrückten spielt, kommt nur die klassische Form bei. Daher spielen beide Akte der Komödie im gleichen Salon der „Villa" des „Sanatoriums", einem Altbau, während im südlichen Teil des weitläufigen Parks die Pavillons des eleganten, lichten Neubaus sich ausdehnen, in denen prominente Patienten leben und horrende Preise für ihre bösartige Vergangenheit zahlen.

„Im Salon der ‚Villa' dagegen halten sich meistens drei Patienten auf, zufälligerweise Physiker, oder doch nicht ganz zufälligerweise, man wendet humane Prinzipien an und läßt beisammen, was zusammengehört. Sie leben für sich, jeder eingesponnen in seine eingebildete Welt, nehmen die Mahlzeiten im Salon gemeinsam ein, diskutieren bisweilen über ihre Wissenschaft oder glotzen still vor sich hin, harmlose, liebenswerte Irre, lenkbar, leicht zu behandeln und anspruchslos. Mit einem Wort, sie gäben Musterpatienten ab, wenn nicht in der letzten Zeit Bedenkliches, ja geradezu Gräßliches vorgekommen wäre: einer von ihnen erdrosselte vor drei Monaten eine Krankenschwester, und nun hat sich der gleiche Vorfall aufs neue ereignet. So ist wieder die Polizei im Hause.

Gründerin und Leiterin des Sanatoriums ist Fräulein Dr. h. c. Dr. med. Mathilde von Zahnd, eine bucklige Jungfer, die einer mächtigen autochthonen Familie entstammt und einen besonderen Ruf als Menschenfreund und Psychiater genießt. Sie hat die Villa, die einst der Zahndsche Sommersitz war, für besonders interessante Fälle umbauen lassen und die prominenten Patienten, zu denen die ganze geistig verwirrte Elite des halben Abendlandes gehört (vertrottelte Aristokraten), arteriosklerotische Politiker, falls sie nicht noch regieren, debile Millionäre, schizophrene Schriftsteller, manisch-depressive Großindustrielle), in den Neubau verwiesen. Vom Salon aus sieht man drei Türen im Hintergrund, die in die Krankenzimmer der Physiker führen und die von eins bis drei numeriert sind. Links befindet sich die Parkfront, die Fenster sind hoch und bis zum Parkett herunterreichend, links und rechts der Fensterfront ein schwerer Vorhang, daneben eine Flügeltüre, die auf eine Terrasse und in den Park hinaus führt. Die Möbel im Salon sind alt und leicht zerschlissen, sie gehören verschiedenen Epochen an. Im Augenblick sind sie ein wenig durcheinandergeraten, eine Stehlampe und zwei Sessel sowie ein runder Tisch liegen umgekippt auf dem Boden und zeigen an, daß ein Kampf stattgefunden hat.

Es ist kurz nach halb fünf Uhr nachmittags. Aus dem Zimmer Nummer zwei, dem mittleren Zimmer, dringt Geigenspiel mit Klavierbegleitung: Beethoven, Kreutzersonate. In tragischer und definitiver Stellung liegt die Leiche der erdrosselten Krankenschwester auf dem Parkett. Um die Leiche bemühen sich Kriminalbeamte, gutmütige Burschen, die nach Wein riechen. In der Mitte des Salons steht Kriminalinspektor Richard Voß, in Hut und Mantel, neben ihm Oberschwester Boll, eine resolute Person."

Kriminalinspektor Voß nimmt eine Zigarre aus seinem Etui und fragt, ob man rauchen dürfe. Aber er darf weder das noch einen Schnaps trinken, denn er befinde sich, wie ihn die Oberschwester belehrt, in einer Heilanstalt. Während die Beamten photographieren und den Tatbestand aufnehmen, gibt die Oberschwester dem Kriminalinspektor nähere Auskunft über die Person der Ermordeten. Es handelt sich um die Krankenschwester Irene Straub, zweiundzwanzig Jahre alt, aus Kohlwang. Sie wurde von einem der drei Physiker, Ernst Heinrich Ernesti, der sich für Einstein hält, mit der Schnur der Stehlampe erdrosselt.

Um eine Vorstellung von der Art des Dialogs, seiner lakonischen Kürze und der makabren Ironie Dürrenmatts zu geben, sei die Vernehmung der Oberschwester durch Kriminalinspektor Voß hier wörtlich angeführt.

Inspektor: Wie hieß die Schwester?
Oberschwester: Irene Straub.
Inspektor: Alter?

Oberschwester: Zweiundzwanzig. Aus Kohlwang.

Inspektor: Angehörige?

Oberschwester: Ein Bruder in der Ostschweiz.

Inspektor: Benachrichtigt?

Oberschwester: Telefonisch.

Inspektor: Der Mörder?

Oberschwester: Bitte, Herr Inspektor — der arme Mensch ist doch krank.

Inspektor: Also gut: Der Täter?

Oberschwester: Ernst Heinrich Ernesti. Wir nennen ihn Einstein.

Inspektor: Warum?

Oberschwester: Weil er sich für Einstein hält.

Inspektor: Ach so. (Er wendet sich zum stenographierenden Polizisten.) Haben Sie die Aussage der Oberschwester, Guhl?

Guhl: Jawohl, Herr Inspektor.

Inspektor: Erdrosselt, Doktor?

Gerichtsmediziner: Eindeutig. Mit der Schnur der Stehlampe. Diese Irren entwickeln oft gigantische Kräfte. Es hat etwas Großartiges.

Inspektor: So. Finden Sie. Dann finde ich es unverantwortlich, diese Irren von Schwestern pflegen zu lassen. Das ist nun schon der zweite Mord.

Oberschwester: Bitte, Herr Inspektor.

Inspektor: — der zweite Unglücksfall innerhalb drei Monaten in der Anstalt Les Cerisiers. (Er zieht ein Notizbuch hervor.) Am zwölften August erdrosselte ein Herbert Georg Beutler, der sich für den großen Physiker Newton hält, die Krankenschwester Dorothea Moser. Auch in diesem Salon. Mit Pflegern wäre das nie vorgekommen. (Er steckt das Notizbuch wieder ein.)

Oberschwester: Glauben Sie? Schwester Dorothea Moser war ein Mitglied des Damenringvereins und Schwester Irene Straub Landesmeisterin des nationalen Judoverbandes.

Inspektor: Und Sie?

Oberschwester: Ich stemme.

Inspektor: Kann ich nun den Mörder —

Oberschwester: Bitte, Herr Inspektor.

Inspektor: — den Täter sehen?

Oberschwester: Er geigt.

Inspektor: Was heißt: Er geigt?
Oberschwester: Sie hören es ja.
Inspektor: Dann soll er bitte aufhören. Ich habe ihn zu vernehmen.
Oberschwester: Geht nicht.
Inspektor: Warum geht es nicht?
Oberschwester: Das können wir ärztlich nicht zulassen. Herr Ernesti muß jetzt geigen.
Inspektor: Der Kerl erdrosselte schließlich eine Krankenschwester.
Oberschwester: Herr Inspektor. Es handelt sich nicht um einen Kerl, sondern um einen kranken Menschen, der sich beruhigen muß. Und weil er sich für Einstein hält, beruhigt er sich nur, wenn er geigt.
Inspektor: Bin ich eigentlich verrückt?
Oberschwester: Nein.
Inspektor: Man kommt ganz durcheinander. (Er wischt sich den Schweiß ab.) Heiß hier.
Oberschwester: Durchaus nicht.
Inspektor: Oberschwester Marta. Holen Sie bitte die Chefärztin.
Oberschwester: Geht auch nicht. Fräulein Doktor begleitet Einstein auf dem Klavier. Einstein beruhigt sich nur, wenn Fräulein Doktor ihn begleitet.
Inspektor: Und vor drei Monaten mußte Fräulein Doktor mit Newton Schach spielen, damit er sich beruhigen konnte. Darauf gehe ich nicht mehr ein, Oberschwester Marta. Ich muß die Chefärztin sprechen.
Oberschwester: Bitte. Dann warten Sie eben.
Inspektor: Wie lange dauert das Gegeige noch?
Oberschwester: Eine Viertelstunde, eine Stunde. Je nachdem. (Der Inspektor beherrscht sich.)
Inspektor: Schön. Ich warte. (Er brüllt.) Ich warte.
  (Stille. Der Inspektor wischt sich den Schweiß ab.)
Inspektor: Ihr könnt die Leiche hinausschaffen.
Blocher: Jawohl, Herr Inspektor.
Oberschwester: Ich zeige den Herren den Weg durch den Park in die Kapelle.

Während der Inspektor auf die Chefärztin wartet, kommt aus Zimmer Nummer drei Herbert Georg Beutler in einem Kostüm des beginnenden achtzehnten Jahrhunderts mit Perücke. Er stellt sich dem Inspektor als Sir Isaac Newton vor und läßt sich mit ihm in ein Gespräch ein. Er fragt nach der Ursache des Lärms und hört von ihm, daß die Krankenschwester Irene Straub von Ernst Heinrich Ernesti, genannt Einstein, mit der Schnur der Stehlampe erdrosselt wurde. Auf Herbert Georg Beutlers, alias Newtons Vorwurf, wie man nur eine Krankenschwester erdrosseln könne, stellt der Inspektor fest, daß Beutler-Newton selber eine Krankenschwester, die Ringerin Dorothea Moser mit einer Vorhangkordel erst vor drei Monaten erdrosselt habe. Das sei auch etwas ganz anderes, entgegnete ihm Newton, er sei auch nicht verrückt. Newton macht dem Inspektor klar, daß die Schwester Dorothea Moser ihn geliebt hätte und daß, da auch er sie liebte, das Dilemma nur durch eine Vorhangkordel zu lösen gewesen wäre. Dazu käme der enorme Altersunterschied. Der Inspektor, in der Gewißheit, einen Irren vor sich zu haben, bemerkt, daß Newton ja auch über zweihundert Jahre alt sein müsse. Darauf vertraut Newton dem Inspektor ein Geheimnis an: er sei gar nicht Sir Isaac, er gebe sich nur als Newton aus, um Ernesti nicht zu verwirren. Ernesti, der im Gegensatz zu ihm wirklich krank sei, bilde sich ein, Albert Einstein zu sein, der aber in Wirklichkeit er, Newton, sei. Dem Inspektor bleibt der Mund offenstehen.

Inspektor: Sie wollen damit sagen —

Newton: Jawohl. Der berühmte Physiker und Begründer der Relativitätstheorie bin ich. Geboren am 14. März 1879 in Ulm.

Newton bietet dem völlig verwirrten Inspektor das brüderliche Du an, das dieser, vor dem Irren unsicher und ängstlich geworden, annimmt. Er ist sicher, daß der Inspektor ihn nicht verhaften kann, wirft ihm aber vor, daß er dies gerne tun möchte und sich ärgere, daß es nicht ginge und rät ihm schließlich voller Ironie, er möge doch sich selber verhaften.

Nach diesem verwirrenden Zwiegespräch des Inspektors mit Newton erscheint endlich die Chefärztin, Fräulein Doktor Mathilde von Zahnd. Sie ist bucklig, etwa fünfundfünfzig Jahre alt, trägt einen weißen Ärztemantel und ein Stethoskop. Sie hat, indem sie ihn auf dem Klavier begleitete, den geigenspielenden Ernesti beruhigt, so daß er sich endlich aufs Bett warf und „wie ein glücklicher Bub" einschlief. Die Ironie dieser Worte ist, nachdem Ernesti soeben die Krankenschwester Irene Straub mit einer Stehlampenschnur erdrosselt hat, geradezu makaber. Fräulein Doktor bemerkt, daß Newton dagewesen sei und fragt den Inspektor, ob er sich mit ihm unterhalten habe. Der Inspektor offenbart der Chefärztin, daß er die Entdeckung gemacht habe, daß Newton sich in Wirklichkeit für Einstein halte. „Das erzählt er jedem", stellt Fräulein Doktor fest, „tatsächlich hält er sich aber doch für Newton."

Der Inspektor ist nun völlig verblüfft. Seine Verblüffung verstärkt sich noch, als die Chefärztin erklärt.: „Für wen sich meine Patienten halten, bestimme ich. Ich kenne sie weitaus besser als sie sich selber kennen."

Der Inspektor weist die Chefärztin nun darauf hin, daß die Sicherheitsmaßnahmen in der Anstalt ungenügend seien. Zwei Morde, besser zwei Unglücksfälle in drei Monaten, das sei zuviel. Die Worte, mit denen Fräulein Doktor daraufhin die Fortschritte der modernen Medizin verteidigt, strafen sie selber Lügen. Der aufgewachte Einstein tritt für einen Augenblick aus seinem Zimmer Nummer zwei heraus, fragt, ob er schon gegeigt habe und verschwindet wieder. Fräulein Doktor macht den Inspektor auf gewisse Zusammenhänge aufmerksam, die sich sowohl bei Einstein als auch bei Newton zeigten. Beide seien wahnsinnig, bei beiden verschlimmere sich die Krankheit, beide würden gemeingefährlich, beide erdrosseln Krankenschwestern. Fräulein Doktor denkt an eine Veränderung des Gehirns durch Radioaktivität, da beide Physiker radioaktive Stoffe untersuchen. Der dritte Patient, Johann Wilhelm Möbius, habe aber nichts mit dieser Radioaktivität zu tun, er sei seit fünfzehn Jahren hier, ein harmloser Mensch, sein Zustand sei unverändert. Nichtsdestoweniger besteht der Inspektor auf seiner Behauptung, daß die Sicherheitsmaßnahmen in der Anstalt ungenügend seien. Er gibt Fräulein Doktor zu wissen, daß der Staatsanwalt für die Physiker, ob harmlos oder nicht, kräftige Pfleger verlange. Fräulein Doktor gibt nach: „Er soll sie haben." Danach verabschiedet sich der Inspektor; er hoffe, sagt er, daß er nicht nocheinmal auftauchen müsse, nachdem er nun schon zweimal in Les Cerisiers zu tun gehabt hätte.

Die Oberschwester führt jetzt Frau Rose sowie drei Knaben von vierzehn, fünfzehn und sechzehn Jahren in den Salon herein. Den Schluß bildet Missionar Rose. Frau Rose ist die frühere Gattin des Physikers Johann Wilhelm Möbius, der sich nun als Kranker in der Anstalt befindet. Sie hat nach der Scheidung von ihrem Mann den Missionar Rose geheiratet und geht mit ihm und ihren drei Buben, den Kindern von Möbius, nach den Marianen im Stillen Ozean, wo Rose eine Missionsstation übernehmen soll. Sie ist gekommen, um Möbius noch einmal wiederzusehen und um den Buben Gelegenheit zu geben, ihren Vater vor der Abreise kennenzulernen und sich von ihm zu verabschieden. Frau Rose fragt, wie es ihrem früheren Mann geht und ob ihm noch immer der König Salomo erscheine. Fräulein Doktor bejaht diese Frage. Sie gibt ihre Einwilligung zu dem Familientreffen und läßt dann Möbius holen.

In sarkastischer Weise schildert Dürrenmatt nun die Begegnung des

Physikers Johann Wilhelm Möbius mit seiner früheren Frau, seinen Söhnen und dem Missionar Rose. Möbius scheint sich nur noch schwach an seine Familie zu erinnern, wundert sich über die Zahl seiner Kinder und tut, als wisse er nicht, daß er von seiner Frau geschieden sei. Er gibt seiner Freude darüber Ausdruck, daß die Buben einen neuen Vater gefunden haben und seine Frau einen würdigen Gatten. Zum Abschied spielen die Jungen ihm etwas auf ihren Blockflöten vor. Möbius, der die gemachte Zärtlichkeit und Selbstzufriedenheit seiner früheren Familie nicht mehr ertragen kann, beginnt plötzlich den Irren zu spielen, rezitiert starr, mit maskenhaftem Gesicht, einen „Psalm Salomos, den Weltraumfahrern zu singen", erschreckt auf diese Weise seine nunmehr eingeschüchterte Familie und brüllt sie an: „Packt euch nun nach den Marianen fort! Packt euch fort! Schleunigst! Nach den Marianen! Hinaus mit euch! Hinaus! Schiebt ab! Für immer! Nach dem Stillen Ozean! Ich will euch nie mehr sehn! Ihr habt den König Salomo beleidigt! Ihr sollt mit den ganzen Marianen im Marianengraben versaufen! Im schwärzesten Loch des Meeres sollt ihr verfaulen, von Gott vergessen und den Menschen!" Entsetzt verschwindet die Familie Möbius. Langsam nur scheint sich Möbius nach diesem Zornesausbruch wieder zu finden. Schwester Monika bleibt bei dem Erregten zurück und versucht, ihn zu beruhigen.

Sie hat erkannt, daß Möbius sich verstellt hat und den Wahnsinnigen spielte. Möbius gibt zu, daß er seiner Familie den Abschied erleichtern wollte. Schwester Monika kündigt Möbius an, daß auch sie sich nun von ihm verabschieden müsse, sie sei ins Hauptgebäude versetzt worden und an ihrer Stelle würden nun Pfleger die Betreuung der Physiker übernehmen. Eine Krankenschwester dürfe die Villa nicht mehr betreten. Auf Verlangen des Staatsanwalts. Dann gesteht Schwester Monika, daß sie Möbius nicht für verrückt halte, daß sie glaube, daß der König Salomo ihm erscheine und — daß sie ihn liebe. Möbius bekennt, daß er Schwester Monika ebenfalls liebe.

Ihre Aussprache wird von dem hereintretenden Einstein mit der Frage unterbrochen: „Ihr liebt einander? Auch Schwester Irene und ich liebten uns. Sie wollte alles für mich tun, die Schwester Irene. Ich warnte sie. Ich schrie sie an. Ich flehte sie an, zu fliehen. Sie wollte mit mir aufs Land ziehen. Sie wollte mich heiraten. Sogar die Bewilligung hatte sie schon. Von Fräulein Doktor von Zahnd. Da erdrosselte ich sie. Die arme Schwester Irene."

Was nun folgt, geht sehr rasch. Das gleiche Spiel wiederholt sich. Möbius beschwört Schwester Monika, nachdem Einstein sich wieder in sein Zimmer zurückgezogen hat, zu fliehen. Die Liebe sei gefährlich.

Wenn sie nicht fliehe, sei sie verloren. Schwester Monika aber dringt in Möbius: sie wolle mit ihm schlafen, sie wolle Kinder von ihm haben, sie hasse ihren Beruf, sie habe sich bisher für alle geopfert, nun wolle sie sich für einen Menschen allein aufopfern, sie wolle für ihren Geliebten da sein. Schließlich überrascht sie Möbius mit der Nachricht, daß sie mit Fräulein Doktor von Zahnd gesprochen habe: Möbius sei frei, sie habe ihre Einwilligung zu einer Heirat gegeben, sie selber, Schwester Monika, habe den Posten einer Gemeindeschwester in Blumenstein angenommen, sie wolle mit Möbius dorthin gehen, dort mit ihm leben und glücklich sein. Sie habe sogar mit dem berühmten Physiker Professor Scherbert, dem früheren Lehrer von Möbius, gesprochen, er wolle Möbius' Manuskripte unvoreingenommen prüfen, obwohl sie von König Salomo stammten, mit einem Wort, der Weg sei frei, alles sei geregelt: ,,Ich bin da, dir zu helfen, mit dir zu kämpfen, der Himmel, der dir Salomo schickte, schickte auch mich!'' schließt Schwester Monika.

In diesem Augenblick reißt Möbius den Fenstervorhang herunter, wirft ihn über Schwester Monika, ein kurzer Kampf findet statt, dann Stille. Newton, durch den Lärm erschreckt, tritt aus seinem Zimmer Nummer drei heraus und fragt: ,,Was ist geschehen?'' Während Einstein in seinem Zimmer Nummer zwei geigt, antwortet Möbius: ,,Ich habe Schwester Monika Stettler erdrosselt.''

Damit schließt der erste Akt.

1.2 ZWEITER AKT

Der zweite Akt der Komödie ,,Die Physiker'' spielt eine Stunde nach dem Schluß des ersten Aktes am gleichen Ort: im Salon der Irrenanstalt ,,Les Cerisiers''. Die Situation ist wie zu Beginn des ersten Aktes: wieder ist die Polizei im Hause, wieder wird gemessen, aufgezeichnet, photographiert, der Tatbestand aufgenommen. Nur liegt diesmal die Leiche der neuerdings ermordeten Krankenschwester auf der rechten Seite der Bühne. Auf dem Sofa sitzt düster, in sich versunken, Fräulein Doktor Mathilde von Zahnd. Inspektor Voß hat die Leiche untersucht und kommt nun nach vorne.

Hat er im ersten Akt etwas zu rauchen und einen Schnaps verlangt, so lehnt er nun alles ab, was die Chefärztin ihm anbietet. Aber wie im ersten Akt notiert sich der Inspektor auch diesmal wieder die Personalien der Ermordeten und die näheren Umstände der Tat. Nur daß diesmal die Chefärztin die Ausdrücke ,,Mörder'' und ,,Mord'' gebraucht und der Inspektor sie mit einem ,,Bitte, Fräulein Doktor'' in ,,Täter'' und

„Unglücksfall" umwandelt. Fräulein Doktor ist völlig gebrochen: „Dieser dritte Unglücksfall hat mir in Les Cerisiers gerade noch gefehlt. Ich kann abdanken. Monika Stettler war meine beste Pflegerin. Sie verstand die Kranken. Sie konnte sich einfühlen. Ich liebte sie wie eine Tochter. Aber ihr Tod ist noch nicht das Schlimmste. Mein medizinischer Ruf ist dahin." „Der kommt schon wieder", bemerkt der Inspektor sarkastisch.

Statt der bisher üblichen Krankenschwestern schieben nun zwei riesenhafte Pfleger einen Wagen mit Geschirr und Essen herein. Einer der Pfleger ist ein Neger. Sie werden von einem ebenso riesenhaften Oberpfleger begleitet. Sein Name ist Uwe Sievers, ehemaliger Europameister im Schwergewichtsboxen, die beiden Pfleger sind Murillo, südamerikanische Meister im Schwergewicht, und McArthur, nordamerikanischer Meister im Mittelgewicht. Sie decken den Tisch und richten das Essen „für die lieben Kranken". Während man aus dem Zimmer Nummer zwei wieder Geigenspiel vernimmt, öffnet sich plötzlich die Tür des Zimmers Nummer eins und Möbius stürzt heraus: „Monika! Meine Geliebte!" Auf den leisen Vorwurf der Chefärztin, warum er ihre beste, sanfteste, süßeste Krankenschwester getötet habe, antwortet Möbius: „König Salomo befahl es. Ich stand am Fenster und starrte in den dunklen Abend. Da schwebte der König vom Park her über die Terrasse ganz nahe an mich heran und flüsterte mir durch die Scheibe den Befehl zu." Das ist zuviel für die Nerven der Chefärztin. Sie zieht sich zurück, der Inspektor bleibt mit Möbius allein zurück. Möbius bittet den Inspektor, ihn zu verhaften, weil er die Schwester Monika erdrosselt habe. Der Inspektor wehrt ab: er habe doch auf Befehl des Königs Salomo gehandelt und solange er den nicht verhaften könne, bleibe Möbius frei. Damit verabschiedet sich der Inspektor.

Um das Mittagessen (Leberknödelsuppe, Poulet à la broche, Cordon bleu) einzunehmen, erscheint nun aus dem Zimmer Nummer drei Newton. Möbius und Newton setzen sich zum Essen nieder. Möbius hat keinen Hunger. Newton bemerkt sarkastisch: „Verstehe. Nach meiner Krankenschwester verging mir auch der Appetit." Schließlich rückt Newton mit seinem Geheimnis heraus: er sei nicht verrückt. Er sei nicht Newton. Er sei auch nicht Herbert Georg Beutler, wie man hier glaube. Sein Name sei Alec Jasper Kilton. Möbius fragte sofort: „Der Begründer der Entsprechungslehre? Sie haben sich hier eingeschlichen?" Newton gibt zu, dies getan zu haben, indem er den Verrückten spielte. Er habe hinter den Grund der Verrücktheit von Möbius kommen wollen. Er sei ein Angehöriger eines Geheimdienstes. Er habe die Krankenschwester Dorothea Moser töten müssen, um Verdacht zu vermeiden, um seinen Wahnsinn durch einen Mord endgültig zu beweisen. Er halte Möbius für den größten Physiker aller Zeiten, er habe seine Dissertation über die Grundlagen der neuen Physik gelesen. Er müsse nun Möbius überwachen und, falls sich ein gewisser Verdacht bestätige, entführen. Im Auftrage seines Geheimdienstes.

In diesem Augenblick erscheint unbemerkt Einstein aus Zimmer Nummer zwei. Auch er habe die Dissertation von Möbius gelesen. Auch er sei nicht verrückt. Auch er sei Mitglied eines Geheimdienstes. Sein wahrer Name sei Joseph Eisler. Der Entdecker des Eisler-Effekts.

Newton zieht einen Revolver und fordert Eisler auf, sich mit dem Gesicht zur Wand zu stellen. Einstein-Eisler schlendert gemächlich zum Kamin, wendet sich plötzlich um und richtet seinerseits einen Revolver auf Newton-Kilton. In dieser Situation ist es sinnlos zu schießen. Beide legen ihre Waffen beiseite. Die drei Physiker setzen sich wieder zu Tisch. Sie beginnen, die Mahlzeit einzunehmen.

In diesem Augenblick erscheinen die beiden riesenhaften Pfleger mit dem Oberpfleger. Die Patienten Ernesti, Beutler und Möbius werden aufgerufen, die Fenster vergittert, die Türen verschlossen. Dann rücken die drei Pfleger wieder ab. Die Herren Physiker sind nun Gefangene.

Möbius bekennt, er sei zufrieden. Er wolle gar nicht fliehen. Er habe das Problem der Gravitation gelöst und auch die einheitliche Feldtheorie gefunden. Die Weltformel. Dadurch würden neue, unvorstellbare Energien freigesetzt und eine Technik ermöglicht, die jeder Phantasie spotte. Falls seine Untersuchung in die Hände der Menschen fiele.

Gerade diese Ergebnisse sind es aber, die Newton-Kiltons Geheimdienst und der dahinterstehende Generalstab benötigen. Newton vertritt die Ansicht, daß die Physiker Pionierarbeit zu leisten hätten und nicht moralisch werden dürften. Ihre Resultate gehörten der Menschheit. Ob die Menschheit den Weg zu gehen verstünde, den die Physiker ihr bahnen, sei ihre Sache. Einstein meint dagegen, die Verantwortung der Physiker dürfe nicht ausgeklammert werden, denn sie liefern der Menschheit gewaltige Machtmittel. So müßten sie entscheiden, zu wessen Gunsten sie ihre Wissenschaft anwenden, und er habe sich entschieden.

Beide politischen Systeme, das Newton-Kiltons und das Einstein-Eislers, bemühen sich um Möbius. Beide halten sich gleichzeitig gegenseitig in Schach. „Unsere Geheimdienste sind leider auf die gleiche Idee gekommen. Machen wir uns doch nichts vor. Überlegen wir doch die unmögliche Lage, in die wir dadurch geraten sind. Geht Möbius mit Ihnen, kann ich nichts dagegen tun, weil Sie es verhindern würden. Und Sie wären hilflos, wenn sich Möbius zu meinen Gunsten entschlösse. Er kann hier wählen, nicht wir", stellt Newton fest.

Beide wollen wieder die Revolver holen, um miteinander um Möbius, dessen Manuskripte den Besitz der absoluten Macht garantieren, zu kämpfen, als Möbius selber eingreift und sagt: „Meine Manuskripte? Ich habe sie verbrannt."

Möbius begründet diese Tat folgendermaßen: „Wir sind drei Physiker. Die Entscheidung, die wir zu fällen haben, ist eine Entscheidung unter Physikern. Wir müssen versuchen, das Vernünftige zu finden. Wir dürfen uns keinen Denkfehler leisten, weil ein Fehlschluß zur Katastrophe führen müßte. Wir haben alle drei das gleiche Ziel im Auge, doch unsere Taktik ist verschieden. Das Ziel ist der Fortgang der Physik. Sie wollen ihr die Freiheit bewahren, Kilton, und streiten ihr die Verantwortung ab. Sie dagegen, Eisler, verpflichten die Physik im Namen der Verantwortung der Machtpolitik eines bestimmten Landes. Wie sieht aber nun die Wirklichkeit aus?"

Möbius stellt fest, daß trotz glänzender Angebote von seiten der beiden Mächtegruppen bei beiden die Physiker nicht frei sind: „Merkwürdig. Jeder preist mir eine andere Theorie an, doch die Realität, die man mir bietet, ist dieselbe: ein Gefängnis. Da ziehe ich mein Irrenhaus vor. Es gibt mir wenigstens die Sicherheit, nicht von Politikern ausgenützt zu werden ... Es gibt Risiken, die man nie eingehen darf: Der Untergang der Menschheit ist ein solches. Was die Welt mit den Waffen anrichtet, die sie schon besitzt, wissen wir; was sie mit jenen anrichten würde, die ich ermögliche, können wir uns denken. Dieser Einsicht habe ich mein Handeln untergeordnet. Ich war arm. Ich besaß eine Frau und drei Kinder. Auf der Universität winkte Ruhm, in der Industrie Geld. Beide Wege waren zu gefährlich. Ich hätte meine Arbeiten veröffentlichen müssen, der Umsturz unserer Wissenschaft und das Zusammenbrechen des wirtschaftlichen Gefüges wären die Folgen gewesen. Die Verantwortung zwang mir einen anderen Weg auf. Ich ließ meine akademische Karriere fahren, die Industrie fallen und überließ meine Familie ihrem Schicksal. Ich wählte die Narrenkappe. Ich gab vor, der König Salomo erscheine mir, und schon sperrte man mich in ein Irrenhaus ... Die Vernunft forderte diesen Schritt. Wir sind in unserer Wissenschaft an die Grenzen des Erkennbaren gestoßen. Wir wissen einige genau erfaßbare Gesetze, einige Grundbeziehungen zwischen unbegreiflichen Erscheinungen, das ist alles; der gewaltige Rest bleibt Geheimnis, dem Verstande unzugänglich. Wir haben das Ende unseres Weges erreicht. Aber die Menschheit ist noch nicht so weit. Wir haben uns vorgekämpft, uns folgt niemand nach, wir sind ins Leere gestoßen. Unsere Wissenschaft ist schrecklich geworden, unsere Forschung gefährlich, unsere Erkenntnisse tödlich. Es gibt für uns Physiker nur noch die Kapitulation vor der Wirklichkeit. Sie ist uns nicht gewachsen. Sie geht an uns zugrunde. Wir müssen unser Wissen zurücknehmen, und ich habe es zurückgenommen. Es gibt keine andere Lösung, auch für euch nicht."

Möbius fordert die beiden Physiker Newton und Einstein auf, im Irrenhaus zu verbleiben: „Entweder wir bleiben im Irrenhaus oder die Welt wird eines. Entweder löschen wir uns im Gedächtnis der Menschen aus oder die Menschheit erlischt." Nach heftigem Protest und Möbius' Feststellung: „Wir sind wilde Tiere, man darf uns nicht auf die Menschheit loslassen!" willigten die beiden schließlich ein.

Möbius dankt ihnen, „um der kleinen Chance willen, die nun die Welt besitzt, nocheinmal davonzukommen."

Ein Trinkspruch auf die drei ermordeten Krankenschwestern, die getötet worden sind, damit — diesen Sinn bekommt jetzt ihre Opferung — „nicht ein noch schrecklicheres Morden anhebe", schließt die Szene.

„Verrückt, aber weise, gefangen, aber frei, Physiker, aber unschuldig" beschließen die drei, im Irrenhaus zu bleiben.

Damit könnte die Komödie zu Ende sein. Aber Dürrenmatt hält noch eine Überraschung und Steigerung bereit. Die Chefärztin, Fräulein Doktor von Zahnd, erscheint und läßt die Physiker holen, um mit ihnen zu reden. Diese starren sie verwundert an, als sie sie mit ihren richtigen Namen, Alec Jasper Kilton und Joseph Eisler, anredet. Sie teilt ihnen mit, daß ihr gemeinsames Gespräch abgehört worden sei, befiehlt den Pflegern, die Geheimsender der beiden zu holen und verkündet ihnen, daß die Villa von Wächtern umstellt, ein Fluchtversuch sinnlos und die Pfleger keine Irrenwärter, sondern Chef und Beamte der Werkpolizei eines Trusts sind, den Fräulein Doktor in aller Stille aufgebaut hat, um die von den Physikern, insbesondere die von Johann Wilhelm Möbius gemachten Erfindungen auszuwerten. Seine Aufzeichnungen seien von ihr, während sie als Ärztin Möbius jahrelang betäubt hatte, bis aufs letzte photokopiert worden und nun völlig in ihrer Hand.

Möbius ist über diese schamlose Ausbeutung entsetzt. Er will sie der Welt verkünden, muß aber erkennen, daß dies sinnlos ist. Die Welt würde ihm nicht glauben, denn für die Öffentlichkeit ist er durch die Ermordung der Krankenschwester nichts anderes als ein gefährlicher Verrückter. Die drei Physiker beginnen die Wahrheit zu ahnen: Fräulein Doktor machte die Physiker planmäßig unschädlich, indem sie die Krankenschwestern auf sie hetzte. „Mit eurem Handeln konnte ich rechnen. Ihr wart bestimmbar wie Automaten und habt getötet wie Henker." Es war sinnlos gewesen, die Manuskripte zu verbrennen, die sie schon besaß, eröffnet sie Möbius. Sie würde nun die Macht König Salomos übernehmen, erklärt sie spöttisch, mächtiger sein als ihre Väter, durch ihren Trust die Länder beherrschen, die Kontinente erobern, das Sonnensystem ausbeuten, nach dem Andromedanebel fahren. Das Schicksal der Welt liegt nun in den Händen einer alten, buckligen Jungfrau.

Die drei Physiker ergeben sich in ihr Schicksal. Alles ist ausgespielt. Während Fräulein Doktor mit den Worten „Das Weltunternehmen startet, die Produktion rollt an" den Salon verläßt, spricht Möbius das Schlußwort, das die schicksalhafte Unvermeidbarkeit des Geschehens und die absolute Gültigkeit des Geistigen kennzeichnet: „Was einmal gedacht wurde, kann nicht mehr zurückgenommen werden."

Die drei Physiker kennzeichnen sich noch einmal selbst in ihrer angenommenen Rolle, resigniert und schicksalsergeben. Dann ziehen sie sich in ihre Zimmer zurück, der Salon bleibt leer, nur die Geige Einsteins ist noch zu hören.

2. DÜRRENMATTS KOMÖDIE „DIE PHYSIKER" IM URTEIL DER LITERATURKRITIK

2.1 DIE FARCE „DIE PHYSIKER"

Die Farce „Die Physiker" von 1962 führt in eine psychiatrische Privatklinik. Hier sind drei Physiker untergebracht, von denen sich einer für Newton, einer für Einstein hält. Gerade vor Beginn des Stücks hat der sich für Einstein haltende Physiker die ihn betreuende Krankenschwester umgebracht. Ein Kommissar ist im Begriff, den Fall aufzunehmen. Der Fall ist um so unangenehmer, als auch der Physiker, der sich für Newton hält, seine Krankenschwester umgebracht hat. Im Verlauf des Stückes erdrosselt auch der dritte Physiker seine Krankenschwester. Dürrenmatt wartet mit einer überraschenden Lösung auf. Dieser Physiker ist nicht verrückt. Er hat sich mit seinen Entdeckungen in die Klinik geflüchtet. Er will für verrückt gehalten werden, um zu vermeiden, daß seine Entdeckungen öffentlicher Besitz und damit der Menschheit zum Verhängnis werden. Er hat seine Krankenschwester getötet, weil sie ihn durchschaut hatte. Aus demselben Grunde aber haben auch die beiden anderen Patienten getötet. Auch sie sind nicht verrückt. Und sie sind außerdem Agenten rivalisierender Mächte, die sich der Erfindung des Physikers bemächtigen wollen. Die drei Männer klären diesen Tatbestand unter sich. Der Physiker klärt die Agenten darüber auf, daß er vorsorglich die Ergebnisse seiner Forschung vernichtet habe. Die drei Männer wollen fliehen. Doch sind auf Grund der Vorkommnisse herkulische Wächter bestellt, das Sanatorium ist in ein Gefängnis verwandelt worden. Sie müssen ihr Spiel weiterspielen. Doch kommt es nicht dazu. Das Sanatorium wird durch eine Frau geleitet, die auch im Dienst einer Mächtegruppe steht. Sie hat das ganze Spiel sofort durchschaut und sich die Entdeckungen des Physikers schon durch Kopien gesichert. So nimmt das Verhängnis seinen Lauf.

Dürrenmatt schreibt Stücke, die an sich tragische Vorgänge in der Form der Groteske bringen. Tragödie, meint Dürrenmatt, sei heute nicht mehr möglich. „Die Tragödie setzt Schuld, Not, Maß, Übersicht, Verantwortung voraus. In der Wurstelei unseres Jahrhunderts, in diesem Kehraus der weißen Rasse, gibt es keine Schuldigen und auch keine Verantwortlichen mehr. Alle können nichts dafür und haben es nicht gewollt. Es geht wirklich ohne jeden. Alles wird mitgerissen und bleibt in irgendeinem Rechen hängen. Wir sind zu kollektiv schuldig, zu kollektiv gebettet in die Sünden unserer Väter und Vorväter. Wir sind nur noch Kindeskinder. Das ist unser Pech, nicht unsere Schuld: Schuld gibt es nur noch als persönliche Leistung, als religiöse Tat." Jetzt ist nur noch die Tragikomödie möglich. Sie zeigt den verzerrten Menschen unserer Zeit.

(Otto Mann)

2.2 MACHT UND CHAOS

„Eine Geschichte", sagt Friedrich Dürrenmatt, „ist dann zu Ende gedacht, wenn sie ihre schlimmstmögliche Wendung genommen hat." Die schlimmstmögliche Wendung in der Verfügungsgewalt über Massenvernichtungsmittel exemplifiziert er in seiner Komödie „Die Physiker". Einer verrückten Irrenärztin gelingt es, das „System aller möglichen Erfindungen" in die Hände zu bekommen. Am Ende der Komödie steht die Warnung: Vielleicht entscheidet einmal der Irrsinn das Schicksal der Welt.

Die Paradoxie gipfelt in folgenden Ergebnissen: Der größte Physiker ist — um die Menschheit vor dem Mißbrauch seiner Erfindungen zu bewahren — vergeblich ins Irrenhaus geflüchtet. Denn das freiwillig gewählte Grab seiner bürgerlichen Existenz ist ein Agentennest. Sein „System aller möglichen Erfindungen wird ihm geraubt. „Jeder Versuch eines einzelnen, für sich zu lösen, was alle angeht, muß scheitern", sagt Dürrenmatt.

Die staatlichen Mächte — hier verkörpert durch die Geheimdienste — spielen verrückt, wobei sie sich auf die höchsten Ziele berufen. Das ist heute so üblich. Man denke an die Thesen zeitgemäßer militärischer Metaphysik: Notwendigkeit des Wettrüstens, weil der andere nicht abrüsten will. Wettlauf zur Erhaltung des Gleichgewichts der Ausrottungswaffen. Immer mehr Ausrottungswaffen, um die Ausrottung zu verhindern. Produktion von Atombomben zum Schutze der Menschheit. Diese Paradoxien werden unter dem Postulat der Realpolitik ernsthaft als notwendige Schritte von den führenden Weltmächten verkündet und durchgeführt. Dürrenmatt zeigt, was der amerikanische Soziologe C. Wright Mills einmal so charakterisierte: „Im Namen der Vernunft werden die Menschen total verrückt."

Schließlich aber: Die Vertreter staatlicher Macht werden von einer ehrgeizigen, übergeschnappten Irrenärztin überrumpelt. Sie verfügt jetzt über das „letzte Mittel". In einer verrückt gewordenen Welt gibt es keine Sicherungen. Bei dem rasanten wissenschaftlichen und technologischen Fortschritt führen sich Macht und Organisation zuletzt ad absurdum. Macht wird chaotisch. Dürrenmatts Symbole des Paradoxen sind wahrlich nicht nur Alpträume. In der Wahl seiner Mittel ist Dürrenmatt niemals zimperlich. Formales ist bei ihm dem erklärten Zweck untergeordnet, sei wirkungsvoll verständig zu machen. Stilbrüche nimmt er in Kauf. Kräftige Gags gehören zu seinem Handwerkszeug. Kabarettistisches aber wertet sein Stück nicht ab, sondern erhöht im Gegenteil seinen Reiz. Manches ließe sich mit anderen, zarteren Mitteln nicht so treffend sagen. Das gilt zum Beispiel für die Möbius-Familienszene, eine der stärksten dieses Stückes: die makabre Vision vom Weltraum, mit der Möbius seine Familie vertreibt, als Ergänzung zu dem sinnigen Blockflötenspiel seiner drei Buben. Da ist schwarzer Humor und Grauen: Ausrottungsperspektiven zur Flöte, Apokalypse konfrontiert mit bürgerlicher Daseinsvorsorge der betulichen Exgattin; zur Dekoration ein psalmodierender Missionar mit Welterlösungsideen als ihr neuer, besserer Ehemann. Die Distanz des Möbius zu seiner Familie und seinem Ehe-Nachfolger läßt sich nicht einmal in Millionen Kilometern oder Lichtjahren ausdrücken, aber die Art, wie die Exgattin Lina zu ihm „Klein-Johann-Wilhelmlein" sagt, macht diese Ferne anschaulich. Welche Ausdruckskraft in einer Farce! Und die drei Physiker — was müssen sie nicht alles zugleich sein: Wissenschaftler, Agenten, vorgebliche Irre, Mörder aus höherem Prinzip, Sprecher des Autors, verkörperte Warnungen, Symbole, aber auch Individuen mit ihren eigenen kleinen Gewohnheiten und Eigenheiten und einer ganz persönlichen Note, jeder ein Typ und doch ein Charakter, jeder gesund und realdenkend und doch pathologisch zugleich — hier hat Dürrenmatt drei

Gestalten geschaffen, die neben der alten Dame, Frau Claire Zachanassian, zu seinen genialsten Eingebungen gehören.

2.3 DAS SINNLOSE OPFER DES EINZELNEN

Der Weg Dürrenmatts führte zu dem Schauspiel „Die Physiker", das frühere Themen abermals aufgreift: Nutzen oder Nutzlosigkeit des Opfers; Möglichkeiten des einzelnen, den Weltlauf zu beeinflussen, Komödie mit Toten; Wirksamkeit oder Unwirksamkeit der Stückeschreiber bei Veränderung der Welt. Trotzdem hat Dürrenmatt nicht einfach die Thesen seiner Schillerrede von 1959 „dramatisiert". Das Schauspiel „Die Physiker" bedeutet eine neue Position. Die 21 Punkte des Nachworts zum Schauspiel von den Physikern machen das deutlich. Eine Zeitlang mochte es scheinen, als stelle Dürrenmatts gesamte Dramatik immer wieder in Abwandlungen die Notwendigkeit und Größe des menschlichen Opfers dar. Aber bereits die Opferung Ills im „Besuch der alten Dame" entbehrte der tragischen Größe: die ungeheuerliche Konstellation in den Beziehungen zwischen der alten Dame und der Stadt Güllen ließ das herkömmliche Spiel von Schuld und Sühne nicht mehr zu. Das „Opfer" vollends, das der Physiker Möbius auf sich nehmen will — „daß es heute die Pflicht des Genies ist, verkannt zu bleiben" — ist weder tragisch noch auch nur erfolgreich. Die Opferung Ills hatte wenigstens, wie der schauerliche Schlußchor bewies, dem Städtchen Güllen für eine Weile den Wohlstand gesichert. Die Zurücknahme aber seiner Forschungen durch Möbius bleibt belanglos, denn die „alte Dame" dieses neuen Stückes kann trotzdem, mit Hilfe der zurückgenommenen Forschungen, ihren Trust der Weltbeherrschung oder Weltvernichtung aufbauen. Hatte es ursprünglich so ausgesehen, als neige Dürrenmatt dem Gedanken „Im Dunkel leben, im Dunkel tun, was wir können" zu, so zeigt der Fall Möbius, daß eben dies in der heutigen Gesellschaftslage gar nicht mehr möglich ist. Der Physiker Johann Wilhelm Möbius möchte im Dunkel leben und auf Forschen wie Handeln verzichten. Aber es erweist sich die Richtigkeit der 18. These Dürrenmatts zu seinem Schauspiel von den Physikern: „Jeder Versuch eines einzelnen, für sich zu lösen, was alle angeht, muß scheitern."

Die Schlußthese zu den „Physikern" faßt Dürrenmatts Ansicht über die Beziehungen zwischen Substanz und Funktion einer heutigen Dramatik, die weder Brecht noch Benn zu folgen gedenkt, in dem Satz zusammen: „Die Dramatik kann den Zuschauer überlisten, sich der Wirklichkeit auszusetzen, aber nicht zwingen, ihr standzuhalten oder sie gar zu bewältigen." Demonstriert wird: O p f e r d e s e i n z e l n e n s i n d heute sinnlos. Der einzelne kann die Welt weder durch Opfer erlösen, noch durch sein Denken und Handeln von Grund auf verändern, und sei er selbst der größte Physiker der Menschheitsgeschichte. Die Zeit der weltverändernden großen Individuen, der Helden wie der Heiligen, scheint für Dürrenmatt vorbei zu sein. Daraus folgt, wie Punkt 17 der Thesen zu den „Physikern" betont: „Was alle angeht, können nur alle lösen." Physiker haben mit der Physik zu tun, mit der physikalischen Forschung nämlich. Deren Auswirkungen aber gehen alle Menschen an; weshalb auch nur alle Menschen zusammen, nach Meinung Dürrenmatts, die schlimmstmögliche Wendung zu verhindern vermögen.

(Hans Mayer)

2.4 DIE ERINNYE DER PHYSIKER

Die gleiche moderne Erinnye, die Güllen unterwarf, ist in der Dürrenmattschen Komödie „Die Physiker" zu einer buckligen Irrenärztin geworden, zu einem noch satanischeren Ungeheuer, als die monströse Milliardärin es war. Sie beherrscht jetzt nicht Güllen, ein paar Öltrusts, ein paar Eisenbahngesellschaften, das Hongkonger Vergnügungsviertel, sondern die Welt, weil sie die Weltvernichtungsformel besitzt, die sie dem genialsten aller Physiker, Möbius, heimtückisch stahl, als dieser zu ihr in die Irrenanstalt floh, um sein fürchterliches Geheimnis allein zu behalten: „Nur im Irrenhaus sind wir noch frei. Nur im Irrenhaus dürfen wir noch denken. In der Freiheit sind unsere Gedanken Sprengstoff." Aber zu spät. Die Irrenärztin, deren Wahnsinn in einer vom Wahnsinn besessenen Welt Kriterium höchster Normalität ist, hat das entwendete Geheimnis längst genutzt und ausgewertet und fungiert am Ende des Stückes als entmenschte Kreatur und Karikatur der Macht, die ihren Herrscherwahnwitz dem verstörten Möbius, dem entmachteten Wissenschaftler in die Ohren schreit: „Mein Trust wird herrschen, die Länder, die Kontinente erobern, das Sonnensystem ausbeuten, nach dem Andromedanebel fahren. Die Rechnung ist aufgegangen ..."

Vielleicht war in den Stücken über die Atombombe und Erdvernichtung, wie wir sie von Zuckmayer, Jahnn, Rehfisch und anderen kennen, noch immer ein Fünkchen Hoffnung vorhanden, das Grauen doch noch abzuwenden. Diese Atomdramen waren noch im Zeitalter der Angst entstanden. Dürrenmatt hat sich über die Angst hinweggesetzt. Er hat die Möglichkeit der Vernichtung als nüchternes Faktum in seine neue Weltordnung einkalkuliert. Auch ihm graut, aber er vergeudet nicht mehr im Beschwören des Grauens seine Kräfte. Er versucht einen neuen Weg — nicht der Bewältigung, wo nichts mehr zu bewältigen ist, wohl aber eines Aufrufs zur Nicht-Kapitulation vor dem nun einmal Nicht-Veränderbaren. Er präsentiert das Menetekel unseres Jahrhunderts in der Maske furchtbarer Komik, des personifizierten Absurden, verschränkt es mit einer phantastischen Erfindungsgabe, wenn notwendig mit Klamauk: all dies macht seinen Erfolg aus.

Man mag dem Schweizer Dürrenmatt, diesem urwüchsigen Berner, während er an allen Ecken des Daseins höchst ungemütliche „Selbsterkennungsspiegel" aufbaut, die bedachten Effekte, die berechneten Schocks, das Lausbübisch-Frivole und die laute Lustigkeit als vordergründig auslegen, es ist zugleich eine Lustigkeit und Frivolität auf vulkanischem Boden, und es sind Effekte und Schocks, die mehr als unter die Haut gehen.

(Wilhelm Jacobs)

2.5 DÜRRENMATT FORDERT VERANTWORTUNG

Dürrenmatt stellt die Frage nach dem, was vom Menschen in seiner keine Grenzen kennenden Wissenschaft zu verantworten ist.

Der dramatische Kern der Komödie „Die Physiker" wird im 2. Akt in paradoxen Vorgängen und verblüffenden Enthüllungen bloßgelegt. Bei dem von den neuen Wärtern, ehemaligen Box- und Gewichtsmeistern, servierten Essen gesteht Newton dem Kollegen Möbius unter vier Augen, er sei nicht verrückt, er sei der Physiker Kilton und spiele den Verrückten, um hinter Möbius' Grund für dessen Verrücktheit zu kommen, die Schwester habe er erdrosselt, weil sie ihm auf die Spur gekommen sei, er stehe im Geheimdienst eines Generalstabs und wolle Möbius gewinnen, den man für den größten Physiker aller Zeiten halte. Einstein belauscht das Gespräch und schaltet sich ein: auch er ist nicht verrückt, heißt Eisler und ist von seinem Geheimdienst, dem einer Partei, ebenfalls beauftragt, Möbius zu engagieren. Nachdem Newton-Kilton und Einstein-Eisler einander vergeblich mit ihren Revolvern zu überspielen versuchten — an dergleichen Kolportage-Effekten hat der Dichter seinen Spaß —, setzen sich alle drei zu friedlichem Mahl, doch spottet Einstein, es sei „die reinste Henkersmahlzeit" — sie finden sich auch kurz danach durch die Wärter wie in einem Gefängnis eingegittert und abgeschlossen —, daß Möbius zwischen den beiden politischen Systemen, die die beiden Agenten vertreten, wählen kann, ist pure Illusion. Die szenische Farce schlägt in tragische Dialektik um.

Möbius gesteht wohl, die Weltformel, die einheitliche Feldtheorie, gefunden zu haben — Dürrenmatt zielt mit solchen konkreten Markierungen auf tatsächliche, die heutige Kernphysik in Atem haltende Probleme —, aber der geniale Mann, dem von beiden Seiten alle wissenschaftlichen Chancen und alle persönlichen Ehren angeboten werden, hat seine Manuskripte verbrannt, weil er nicht den Untergang der Menschheit riskieren will — für so gefährlich hält er die praktischen Konsequenzen seiner wissenschaftlichen Ergebnisse, wenn sie in unlautere Hände fallen, und seine Befürchtungen bestätigen sich ja durch das, was sich ihm soeben enthüllt. Er will deshalb nicht nur selbst weiterhin als Narr im Irrenhaus bleiben, sondern es gelingt ihm, die beiden anderen von der Notwendigkeit zu überzeugen, sich ihm anzuschließen. Insofern ist noch ein Rest von Vernunft in ihrem korrumpierten Charakter zu finden. Es bleibt ihnen allerdings, da sie offenbar Gefangene sind, auch keine andere Wahl.

In dieser zentralen Szene kristallisiert sich das dramatische Grundthema mit aller Schärfe heraus. „Was wir denken, hat seine Folgen", sagt Möbius, und insofern er sich die Folgen seines Denkens vor Augen hält, ist er jener mutige Mensch, von dem Dürrenmatt in seinen „Theaterproblemen" äußert, es sei noch möglich, ihn in der Komödie als der künstlerischen Antwort auf die verzweifelten Fragen der modernen Welt zu zeigen. Die Freiheit der Wissenschaft, deren Ziel der Fortgang der Physik ist, steht in Relation zur Verantwortung. Während Newton die wissenschaftliche Freiheit ohne Verantwortung vertritt, Einstein die Verantwortung auf die Machtpolitik abwälzt, plädiert Möbius für einen Verzicht auf die Preisgabe der Wissenschaft an die Macht, der er nicht traut, so daß er von einer verantwortungslos mißbrauchten Wissenschaft den Untergang der Menschheit fürchtet: „In der Freiheit sind unsere Gedanken Sprengstoff."

Deshalb fordert er von sich und seinen Partnern, ihr Wissen zurückzunehmen. Er hat getötet, „damit nicht ein noch schrecklicheres Morden anhebt", und weil jeder von ihnen seine Krankenschwester tötete — die beiden anderen ohne ethische Motive —, stellt er die rigorose Alternative: „Entweder haben wir geopfert oder gemordet. Entweder bleiben wir im Irrenhaus oder die Welt wird eines. Entweder löschen wir uns im Gedächtnis der Menschen aus oder die Menschheit erlischt." Die Vernunft, auf die sich Möbius beruft, fordert die Zurücknahme des Wissens, welche Paradoxie! Wissenschaft, Forschung, Erkenntnis führen — so argumentiert er — in die Aporie: „Unsere Wissenschaft ist schrecklich geworden, unsere Forschung gefährlich, unsere Erkenntnis tödlich." Nur als Narren vermögen die Physiker das weltbedrohende

Geheimnis ihrer Wissenschaft zu bewahren. In der paradoxen Prägung eines Terzetts manifestieren und beschwören sie ihre resignierende Solidarität:

> „Newton: Verrückt, aber weise.
> Einstein: Gefangen, aber frei.
> Möbius: Physiker, aber unschuldig."

Aber diesen heroischen Verzicht führt der Dichter ad absurdum: die Zahnd bricht schrill in das Geheimnis ein, das sie hinter einer scheinbar von der Nacht verklärten Unschuldsmiene gewahrt glauben. Sie weiß alles, hat alle Gespräche ihrer vorgeblichen Patienten abhören lassen, Kiltons und Eislers Geheimsender entdeckt, die Schwestern auf sie gehetzt, damit einen Mord auf sich lüden und dadurch unschädlich gemacht würden, Möbius' Aufzeichnungen fotokopiert, seine Erkenntnisse ausgewertet, Fabriken und Trusts gegründet, das Weltunternehmen gestartet — es ist, mit Brechts Ausdruck „ein infernalischer Effekt". Die drei sind der Rasenden rettungslos ausgeliefert, sie werden von ihrer Werkpolizei, als die sich die brutale Pflegerschaft dekuvriert, im Gefängnis des Irrenhauses gehalten, damit das Wissensmonopol gewahrt wird. Die Mächtige hat die Wahrheit an sich gerissen und damit pervertiert: „Auch mir ist der goldene König Salomo erschienen", höhnt sie. „Salomo hat durch euch gedacht, durch euch gehandelt, und nun vernichtet er euch. Durch mich." In einer anderen Weise, als Möbius es simulierte, ist die Wahrheit tödlich geworden. Zynisch triumphiert die Ärztin, da sie mit satanischer List ihr Ziel erreichte: „Alles Denkbare wird einmal gedacht." Dem korrespondiert Möbius' nunmehrige bittere Einsicht, die den Entschluß seiner Zurücknahme kontrastiert und aufhebt: „Was einmal gedacht wurde, kann nicht mehr zurückgenommen werden." Sein Opfer vermochte den erbarmungslosen „Fortgang der Physik" zugunsten ihres verbrecherischen Mißbrauchs nicht zu verhindern. Die beiden anderen Physiker halten die Zahnd für wahnsinnig: ist die Irrenärztin tatsächlich selbst verrückt geworden? Sollen wir so des Dichters letzte Intention verstehen? Gewiß, belastet ist diese degenerierte Aristokratin genug, motiviert wäre ihr manischer Ausbruch; sie nennt es zu Beginn selbst ein kleines medizinisches Wunder, daß ihr Geisteszustand relativ normal sei; ihr Vater, ein Wirtschaftsführer, haßte die Menschen wie die Pest, ihr Großvater war General und liebte Heldentode. Aber der Dichter läßt es in der Schwebe, ob die Zahnd im szenischen Vorgang einem rasenden Irrsinn verfallen ist, so daß ihr Machtrausch mit den gigantischen Expansionen nur in ihrem zerstörten Gehirn tobt, ob es sich also um einen objektiven psychiatrischen Befund handelt — oder ob sich in der dramatischen

Realität das durch Möbius' „System aller möglichen Erfindungen" ausführbare Weltunternehmen einer machtbesessenen und zerstörungswütigen Teufelin entfaltet. Das solchermaßen grell plakatierte Menetekel des Dichters, aus dem grotesk-paradoxen Gefüge einer in allen darstellerischen Farben schillernden Komödie mit unerbittlichem Ernst herauswachsend, stellt die Frage der Verantwortung in der Wissenschaft, indem er die nicht verantwortete Wissenschaft in Frage stellt. Er provoziert mit dem potentiellen Vorgang – einerlei ob die Zahnd ihr Unternehmen szenisch agiert oder manisch fingiert –, daß die Wahrheit resignieren muß, wenn und weil sie tödlich ist, und wenn der Physiker Möbius, der sich in seine Rolle als armer König Salomo zurückzieht, mit der gespenstischen Version der sinnlos kreisenden radioaktiven Erde das Schlußwort des Dramas spricht, so ist das keine makabre Groteske mehr, sondern der beklemmende Fingerzeig, der uns vor die Wahrheit und in die Verantwortung fordert.

(Aus einem Aufsatz von Joachim Müller)

2.6 „DIE PHYSIKER", DAS DRAMA VON MACHT UND OHNMACHT DES WISSENS

In Dürrenmatts „Der Besuch der alten Dame" erscheint Claire Zachanassian als die zur Frau Welt personifizierte Macht des Geldes, wenn wir die alte Dame aus der Perspektive der Gesamtbevölkerung betrachten, oder aber als Prinzip der Rache und der Gerechtigkeit, wenn wir sie im Sinne der Antike verstehen. In den im Februar 1962 uraufgeführten „Physikern" hätte man, wieder je nach dem Hinblick, das Drama von Macht und Ohnmacht des Wissens zu erblicken oder das Spiel um die Frau Welt, um die in der Gestalt der Mathilde von Zahnd personifizierte Macht der Organisation und der Technik ...

Die Komödie „Die Physiker" ist aber nun so zielstrebig geworden, daß Dürrenmatt auf den Ausnahmefall der Einheit des Ortes, der Zeit und der Handlung zurückgreift. „Einer Handlung, die unter Verrückten spielt, kommt nur die klassische Form bei", sagt die Bühnenanweisung sarkastisch. Da das Thema ausschließlich in der Aktualität liegt, tritt der weltanschauliche Grund besonders deutlich zutage. Auch Möbius versucht, Held zu sein, indem er mit dem Verbrennen seiner Manuskripte die unheilvolle Entwicklung der technischen Auswertung der Physik

verhindern will. Der Versuch mißlingt. Man kann nicht Held einer Komödie sein. Und das Mißlingen belegt, daß die Tragödie nicht mehr möglich ist: Möbius kann nicht mehr verantwortlich und repräsentativ Entscheide treffen und Handlungen ausführen, die entweder den Gang der Geschichte ändern oder sein Opfer sinnvoll erscheinen lassen. Das Opfer des Möbius ist sinnlos, weil der abstrakte Gang der Geschichte, symbolisiert in der Gestalt der Mathilde von Zahnd und ihrer anonymen Organisation, dieses Opfer zu einer Privatsache stempelt, die die Welt nichts angeht. Höchstens der Irre könnte noch Held sein — was allerdings bedeuten würde, daß er repräsentativ für uns steht.
Die drei Physiker aber sind nicht irre. Darin liegt das Paradoxe dieser Komödie, die, indem sie die sogenannten Irren als die klaren Köpfe darstellt, uns den Schluß nahelegt, uns selber für Irre zu halten. Die Komödie Dürrenmatts „Die Physiker" stellt, indem sie sich und alles in Frage stellt, uns selber in Frage. (Jacob Steiner)

2.7 RESIGNATION VOR EINEM UNGELÖSTEN THEMA

Friedrich Dürrenmatts Komödie „Die Physiker" beschäftigt sich mit einem Physiker, der in ein Irrenhaus geflüchtet ist, um dort ungestört arbeiten zu können. Die Formeln, die er finden wollte und auch findet, sind so gefahrbringend für die Menschheit, daß er sie wieder vernichtet und freiwillig für immer im Irrenhaus bleibt.

Eine Situation also der Aufopferung. Man hätte ein ernsthaftes, ethisches Drama daraus machen können. Aber derlei Theater liegt Dürrenmatt nicht, das hat er oft genug betont. So geht er her, rupft die Fabel wieder auseinander, baut zwei Spione ein, einen westlichen, einen östlichen, schreibt drei Morde hinein und hängt einen ziemlich hoffnungslosen Schluß an: ein böses, buckliges Weib hat die Formel vor der Vernichtung heimlich fotografiert und spielt nun die apokalyptische Hexe.

Das zieht. Jetzt ist Spannung drin, jetzt sind Überraschungseffekte da. Es ist ein brillantes, raffiniertes, diabolisches Stück, aber es ist keine Verantwortung in ihm. Niemand fragt, was aus der modernen Wissenschaft werden soll. Die Frage ist höchstens an das Publikum und an den Leser gestellt, der Dichter selber beantwortet sie nicht. Er scheut die ehrliche und gründliche Auseinandersetzung, die der echten Bedeutung des Themas gerecht würde. Dürrenmatt ist ein anerkannter Dramatiker der Gegenwart, aber seine Komödie „Die Physiker" ist ein Reißer, eine politische Moritat; sie läßt uns vor einem ungelösten Thema resignieren.

2.8 GEFÄHRLICHES DENKEN

Ein Journalist hat es unternommen, der Geschichte der Atomforscher nachzugehen. Es ist ein spannendes Buch entstanden und ein wichtiges. Eine notwendige Information. Es tut gut, zu wissen, wie weit der Ast angesägt ist, auf dem wir sitzen. Eine Chronik vom Untergang einer Welt der reinen Vernunft. Robert Jungk verzichtet darauf, den Gegenstand der bedenklichen Forschung näher darzustellen, um den es hier geht, die Verhaltungsweisen kleinster Teile von Materie, und zeichnet die Akteure.

Die Story: Der Verdacht, es liege im Bereich des menschlich Möglichen, eine Atombombe zu konstruieren, taucht als eine vorerst mehr absurde Idee mitten in den großen Erfolgen einer neuen Wissenschaft, der Kernphysik auf; viele halten die Idee anfänglich für unmöglich, so Einstein, so Rutherford, und Hahn, der Entdecker der Kernspaltung, meint: Das kann doch Gott nicht wollen. Hitler kommt an die Macht, die strohblonde Dummheit der Rassentheorie vernichtet die Internationalität der Wissenschaft, bedeutende Physiker emigrieren, bedeutende bleiben, und das Mißtrauen wächst auf beiden Seiten. Doch dringt die Möglichkeit der Höllenbombe noch nicht zu den Politikern, und im Sommer 1939 hätten noch zwölf Menschen durch gemeinsame Verabredung den Bau verhindern können (Heisenberg). Sie taten es nicht. Der ungarische Physiker Szilard veranlaßt im Krieg Einstein, sich an Roosevelt zu wenden, aus der Furcht heraus, Hitler konstruiere eine. So wird die Waffe aus einem Wettrüsten heraus entwickelt, das in Wahrheit nicht stattfindet: die deutschen Physiker ließen die Nazi nicht auf die Idee kommen, vergeblich versuchten Einstein und Szilard, wie der Krieg gegen Deutschland zu Ende ist und sich keine deutsche Atombombe findet, ihren Vorschlag rückgängig zu machen. Der Schreibtischgeneral Groves hat die Sache schon in die Hand genommen und durchgepeitscht, riesige Fabrikanlagen sind entstanden, die Atomforscher unter Anführung Oppenheimers in die Macht der Militärs geraten, kaserniert und überwacht; zwei Milliarden Dollar sind aufgewendet, und so wird am

16. Juli 1945 die „Trinity" zur Explosion gebracht, und im August fallen „Thin Boy" und „Fat Boy" auf ein schon kapitulationsbereites Japan.

Der weitere Verlauf ist noch tragischer. An die Stelle des fingierten Wettrüstens USA — Deutschland tritt das wirkliche USA — Sowjetunion, eingeleitet durch den irrsinnigen Versuch, die Atombombe geheim zu behalten, Wissenschaft als ein Staatsgeheimnis zu behandeln, kalter Krieg und Verrat, um endlich, wie beide Mächte die Bombe besitzen, mit dem Bau der Wasserstoff- und der Dreistufenbombe — Waffen ohne Grenzen, ermöglicht durch die Elektronenrechenmaschine „Maniac" = Wahnsinniger — die Menschheit als solche zu gefährden.

Die Aktualität dieses außerordentlichen Buches liegt jedoch nicht so sehr in der Chronik der Ereignisse, sondern im Umstand, daß gezeigt wird, inwiefern Wissen Macht sein kann und vor allem, wie aus Wissen Macht wird. Das ungeheuerlichste Machtmittel der Gegenwart beruht auf einem so sublimen Wissen, daß die Frage lautet: Wie war es möglich, daß sich dieses spezielle, und durch die Schwierigkeit seines Verstehens an sich geschützte Wissen in Macht umwandeln konnte, daß sich auf der menschlichen Ebene etwas Ähnliches ereignet wie auf der physikalischen, in der sich Materie in Energie verwandelte?

Dieser Prozeß wurde durch die Zertrümmerung einer internationalen Elite von Wissenschaftlern durch die Politik ausgelöst. Der Gedanke, welcher der Atombombe zugrunde liegt, die tiefe Einsicht in die Struktur der Materie, ist ein Gedanke der Menschheit, gleichsam vertreten durch eine kleine Elite von Forschern, und nicht von einer Nation zu pachten. Auch gibt es keine Möglichkeit, Denkbares geheim zu behalten. Jeder Denkprozeß ist wiederholbar. Das Problem der Atomkraft — die Atombombe ist nur ein Sonderfall dieses Problems — kann nur international gelöst werden. Durch Einigkeit der Wissenschaftler. Daß diese Voraussetzung schon durch Hitler zerstört wurde, schuf das Verhängnis. Es zwang die Physiker, ihr Wissen an eine Macht zu verraten, aus dem Reiche der reinen Vernunft in jenes einer Realität überzusiedeln, die noch weitgehend von nationalen Spannungen bestimmt wurde und bestimmt wird.

Ein Trost kann gewagt werden. Wenn wir die Atombombe überstehen, werden wir die Atombombe einmal nötig haben. Auch die Elektrizität wurde zu einer Zeit entdeckt, als sie noch nicht „nötig" war. Was wir Technik nennen, ist etwas biologisch Notwendiges, doch muß der Mensch, der Einzelmensch, logischerweise, seine Erfindungen und Entdeckungen oft vor ihrer allgemeinen Notwendigkeit machen. Ein Teil der Technik ist immer vorweggenommene Zukunft. Was biologisch einmal

notwendig sein wird, um das Leben der Menschheit zu ermöglichen, erscheint jetzt als ein Störfaktor, als eine Bedrohung des Lebens, aber gerade dadurch als Zeichen, daß die Politik und ihr letztes Mittel, der Krieg, nicht mehr stimmt, daß das menschliche Zusammenleben neu überdacht werden muß, die Organisation dieser Welt.
Das Prinzip, das der Wasserstoffbombe zugrunde liegt, entdeckte Houtermans, indem er über Vorgänge in der Sonne nachdachte. Das Pech Houtermans besteht darin, in einer Welt zu leben, in der eine gewisse Art von Denken offenbar gefährlich ist, wie das Rauchen in einer Pulverfabrik. Nun ist es unmöglich, die Pflicht, ein Dummkopf zu bleiben, als ethisches Prinzip aufzustellen. Die Frage lautet, wie sich die Physiker in der heutigen Welt verhalten müssen und nicht nur die Physiker; Denken kann vielleicht überhaupt in Zukunft immer gefährlicher werden. Die Elite, von der Robert Jungk berichtet, wäre dann nur ein Vorposten. Sie hatte insofern Erfolg, als sich ihre Berechnungen durch die Atombombe bestätigten, doch ihr Erfolg war ihr Versagen, denn sie konnte die Atombombe nur bauen, indem sie sich den Politikern und Militärs auslieferte. Ihr Fehler war es, daß sie nie als Einheit handelte, daß sie im Grunde die einmalige Stellung nie begriff, in der sie sich befand, daß sie sich weigerte, Entscheidungen zu fällen. — Das Wissen fürchtete sich vor der Macht und lieferte sich deshalb den Mächtigen aus. Aus dieser Schwäche heraus hoffte sie, daß die Politik der Atombombe gewachsen sein werde, daß die Politik realisiere, was sie selber nicht vermochte, doch war die Welt auf alles, nur nicht auf die Atombombe vorbereitet. Diese Waffe stellte nicht nur neue Aufgaben, die noch niemand vorher überdacht hatte, sondern auch Vorbedingungen, die nicht nur nicht erfüllt, sondern auch nie geplant waren. Alle Resolutionen der Wissenschaftler, auch der Frank-Report, kamen zu spät — oder besser, richteten sich an eine Menschheit, die gar nicht in der Lage war, diese Forderungen zu realisieren — es sind Forderungen an eine imaginäre Welt, Forderungen, nicht zu sündigen nach dem Sündenfall. Über die Atomkraft verfügen sie, aber sie die nicht begreifen. Es ist daher nicht zu bestreiten, daß die Elite versagte, der Ausspruch des Mathematikers Hilpert, den Jungk überliefert, daß die Physik für die Physiker zu schwer sei, bestätigte sich auf eine gespenstische Weise; wie dieses Versagen bei den Hauptakteuren zutage tritt, zeigt Jungk erschütternd. Der Abwurf der Bomben auf Japan, ja auch der Bau der Wasserstoffbombe hätte vermieden werden können. Im Grunde wußte niemand, was er tun sollte. Was „technisch süß" war, verführte die meisten, und oft war es einfach nicht möglich, schuldlos zu bleiben. Daß alles menschlich verständlich ist, macht die Geschichte teuflich. So entsteht schließlich der Eindruck, daß all diese apokalyptischen

Bomben nicht erfunden wurden, sondern sich selber erfunden haben, um sich, unabhängig vom Willen einzelner, vermittels der Materie Mensch zu verwirklichen. (Friedrich Dürrenmatt)

2.9 DÜRRENMATTS 21 PUNKTE ZU DEN „PHYSIKERN"

1. Ich gehe nicht von einer These, sondern von einer Geschichte aus.
2. Geht man von einer Geschichte aus, muß sie zu Ende gedacht werden.
3. Eine Geschichte ist dann zu Ende gedacht, wenn sie ihre schlimmstmögliche Wendung genommen hat.
4. Die schlimmstmögliche Wendung ist nicht voraussehbar. Sie tritt durch Zufall ein.
5. Die Kunst des Dramatikers besteht darin, in einer Handlung den Zufall möglichst wirksam zu ersetzen.
6. Träger einer dramatischen Handlung sind Menschen.
7. Der Zufall in einer dramatischen Handlung besteht darin, wann und wo wer zufällig wem begegnet.
8. Je planmäßiger die Menschen vorgehen, desto wirksamer vermag sie der Zufall zu treffen.
9. Planmäßig vorgehende Menschen wollen ein bestimmtes Ziel erreichen. Der Zufall trifft sie dann am schlimmsten, wenn sie durch ihn das Gegenteil ihres Ziels erreichen: das, was sie befürchten, was sie zu vermeiden suchten, z. B. Ödipus.
10. Eine solche Geschichte ist zwar grotesk, aber nicht absurd (sinnwidrig).
11. Sie ist paradox.
12. Ebensowenig wie die Logiker können die Dramatiker das Paradoxe vermeiden.
13. Ebensowenig wie die Logiker können die Physiker das Paradoxe vermeiden.
14. Ein Drama über die Physiker muß paradox sein.
15. Es kann nicht den Inhalt der Physik zum Ziele haben, sondern nur ihre Auswirkung.

16. Der Inhalt der Physik geht die Physiker an, die Auswirkung alle Menschen.
17. Was alle angeht, können alle lösen.
18. Jeder Versuch eines einzelnen, für sich zu lösen, was alle angeht, muß scheitern.
19. Im Paradoxen erscheint die Wirklichkeit.
20. Wer dem Paradoxen gegenübersteht, setzt sich der Wirklichkeit aus.
21. Die Dramatik kann den Zuschauer überlisten, sich der Wirklichkeit auszusetzen, aber nicht zwingen, ihr standzuhalten oder sie gar zu bewältigen.

2.10 DIE SELBSTCHARAKTERISTIK DER PHYSIKER

Alec Jasper Kilton, alias Herbert Georg Beutler:

Ich bin Newton. Sir Isaac Newton. Geboren am 4. Januar 1643 in Woolsthorpe bei Grantham. Ich bin Präsident der Royal Society. Aber es braucht sich deshalb keiner zu erheben. Ich schrieb: Die mathematischen Grundlagen der Naturwissenschaft. Ich sagte: Hypotheses non fingo. In der experimentellen Optik, in der theoretischen Mechanik und in der höheren Mathematik sind meine Leistungen nicht unwichtig, aber die Frage nach dem Wesen der Schwerkraft mußte ich offen lassen. Ich schrieb auch theologische Bücher. Bemerkungen zum Propheten Daniel und zur Johannes-Apokalypse. Ich bin Newton. Sir Isaac Newton. Ich bin Präsident der Royal Society.

Joseph Eisler, alias Ernst Heinrich Ernesti:

Ich bin Einstein. Professor Albert Einstein. Geboren am 14. März 1879 in Ulm. 1902 wurde ich Experte am eidgenössischen Patentamt in Bern. Dort stellte ich meine spezielle Relativitätstheorie auf, die die Physik veränderte. Dann wurde ich Mitglied der Preußischen Akademie der Wissenschaften. Später wurde ich Emigrant. Weil ich ein Jude bin. Von mir stammt die Formel $E = mc^2$, der Schlüssel zur Umwandlung von Materie in Energie. Ich liebe die Menschen und liebe meine Geige, aber auf meine Empfehlung hin baute man die Atombombe. Ich bin Einstein. Professor Albert Einstein. Geboren am 14. März 1879 in Ulm.

Johann Wilhelm Möbius:

Ich bin Salomo. Ich bin der arme König Salomo. Einst war ich unermeßlich reich, weise und gottesfürchtig. Ob meiner Macht erzitterten die Gewaltigen. Ich war ein Fürst des Friedens und der Gerechtigkeit. Aber meine Weisheit zerstörte meine Gottesfurcht, und als ich Gott nicht mehr fürchtete, zerstörte meine Weisheit meinen Reichtum. Nun sind die Städte tot, über die ich regiere, mein Reich leer, das mir anvertraut worden war, eine blauschimmernde Wüste, und, irgendwo, um einen kleinen, gelben, namenlosen Stern, kreist, sinnlos, immerzu, die radioaktive Erde. Ich bin Salomo, ich bin Salomo, ich bin der arme König Salomo.

2.11 ATOMPHYSIKERTRAGÖDIEN
DES MODERNEN DOKUMENTARTHEATERS

Ein Vergleich der „Physiker" von Dürrenmatt mit der Authenzität anderer Atomstücke ist aufschlußreich: **Heinar Kipphardt** mit „**In der Sache J. Robert Oppenheimer**" und **Hans Henny Jahnn** in „**Der staubige Regenbogen**" stellen die Verantwortung des Wissenschaftlers vor der Welt, Wertfreiheit oder politisches Engagement der Forschung zur Diskussion. **Kipphardt** sucht Protokolle szenisch zu interpretieren: in der Untersuchung gegen den Atomphysiker Oppenheimer, den man als Kommunisten verdächtigt, sind Zeit und Ort, die beteiligten Personen, ihre Absichten und Reaktionen bis ins kleinste Detail vorgesehen. Die Dokumentation soll historischen Vorwurf und Dramatisierung einander bis zur Identität nähern. **Jahnn** hat sich dagegen einen Atomphysiker Chervat erdacht, er spinnt um ihn eine bewegte Geschichte mit Erpressung und Widerstand, Schuld und Opfer, am Schluß die Selbstüberwindung des Helden: ein moralisches Leitbild für das Publikum. **Dürrenmatt** hingegen setzt den Gewissenszwiespalt des Physikers, der vor der eigenen Erkenntnis zurückschreckt, in eine paradoxe Fabel um: die Insassen der Irrenanstalt erweisen sich als normale Physiker, die Irrenärztin als irre Welteroberin. Diese Bühnenwelt stellt ein Modell dar, das sich der Realität entgegenstellt. Wo Kipphardt und Jahnn direkt aussagen, da stellt sich hier die Imagination dazwischen: das Eigenleben von Figuren, der vitale Entwicklungsdrang einer Fabel, die zunächst nur sich selbst gehört. (Siegfried Kienzle)

2.12 MÖBIUS – DER ANTI-GALILEI

In der strengen Form des klassischen Dramas hat Friedrich Dürrenmatt ein vollendetes Drama der zweiten Illusion geschaffen. Das Thema ist die Verantwortlichkeit des Forschers im Atomzeitalter. Auf dem Gipfel menschlicher Erkenntnis ist die Selbstzerstörung der Menschheit zum erstenmal dem Menschen selbst in die Hand gegeben. Wie wird er sich verhalten? Kann man die Welt vor dem Wissen bewahren, die Bewahrung des Wissens vor dem Zugriff der Macht?

Am Schluß des Stückes hat Möbius, Kernphysiker, Entdecker einer furchtbaren Formel, mit deren Anwendung die Welt vernichtet werden kann, verloren: Auch die Maske, unter der er sich in das Privatsanatorium für geistesgeschädigte Prominente von Fräulein Dr. Mathilde von Zahnd geflüchtet hat, rettete ihn und seine Absicht nicht, weil eine Unbekannte im Spiel war, die sich hinter der Maske der durchtriebenen, machthungrigen und profitgierigen, buckligen und scheinbar fürsorgenden Ärztin verbarg. Aus dieser Maske tritt das böse Wesen heraus, das alles vernichten wird und sich dessen mit infernalischem Gelächter rühmt. Das Resümee ist hoffnungslos: „Die Welt ist in die Hände einer Irrenärztin gefallen."

(Möbius hat seine Formel und seine Manuskripte vernichtet, aber Fräulein Dr. von Zahnd hat sie heimlich fotokopiert und will sie mit Hilfe eines mächtigen Konzerns auswerten.)

Das Drama ist in vielem auf einen Vergleich mit Brechts „Galilei" hin angelegt – als Anti-Galilei. Galileis Verzicht hatte letzten Endes der Wissenschaft und dem Fortschritt gedient, die verborgene Kopie seiner „Discorsi" wurde der Welt vermittelt und diente dem Fortschritt. Möbius' Opfer ist auf den Verzicht aller Erkenntnis gerichtet, aber die Wirklichkeit macht sein Opfer zunichte. Von dieser Konzeption her sind Dürrenmatts Pessimismus und die Zwitterform seiner Tragigrotesken zu verstehen: „Unsere Welt hat ebenso zur Groteske geführt wie zur Atombombe. Das Groteske ist allerdings nur ... die Gestalt einer Ungestalt, das Gesicht einer gesichtslosen Zeit ... Doch ist das Tragische immer noch möglich, auch wenn die reine Tragödie nicht mehr möglich ist. Wir können das Tragische aus der Komödie heraus erzielen, hervorbringen als einen schrecklichen Moment, als einen sich öffnenden Abgrund."

(Walter Urbanek)

Materialien

3.1 DAS SCHWEIZERISCHE IN DÜRRENMATTS KOMÖDIEN „DER BESUCH DER ALTEN DAME" UND „DIE PHYSIKER"

Das Detail in der Komödie Dürrenmatts stammt aus der schweizerischen Umgebung des Verfassers. Im ‚Besuch der alten Dame' (1955) hat Dürrenmatt einen schweizerischen mythischen Ort geschaffen. Natürlich ist Güllen eine Kleinstadt irgendwo in der Welt. Aber den Gehalt dieses Ortsnamens, den wir unweigerlich mit Gottfried Kellers Seldwyla konfrontieren, versteht nur der ganz, der weiß, daß Gülle ein schweizerdeutsches Wort für Jauche ist, und der die entsprechenden Assoziationen damit verbindet. Dieses Güllen ist voll genauer Details, eine Parodie der schweizerischen Kleinstadt. Im Gefälle des Namens der alten Dame erscheint das Gefälle vom Weltgültigen zum Kleinbürgerlichen: Claire Zachanassian ist die zurückkehrende Multimillionärin, die als arme Kläri Wäscher einst Güllen verlassen mußte. Auch die anglisierten Namen der sie begleitenden Eunuchen verraten den schweizerischen Ursprung. Die Ortschaft, in der Les Cerisiers, die Irrenanstalt der ‚Physiker' (1962) steht, ist ein Konterfei von Dürrenmatts gegenwärtigem Wohnort Neuchâtel. Entsprechend dem Satz, sein Stil sei die Leidenschaft zur Sprache, prägt das Schweizerische die eine Komponente seines Stils bis in die syntaktisch-morphologischen Eigenheiten der Sprache. Als Ernesti alias Einstein die Schwester Irene Straub ermordet hat und ihre Leiche in der Kapelle aufbewahrt wird, ordnet Fräulein Doktor von Zahnd an: „Stellt Kerzen um sie und Kränze", worauf die Oberschwester Marta Boll antwortet: „Ich habe den Blumen-Feuz schon angeläutet." Es bleibe bei diesem Beispiel. All das ist nur erwähnenswert, wenn es einen Sinn für die Gesamtstruktur der Dürrenmattschen Komödie hat. Dieser Sinn liegt auf mehreren Ebenen zugleich. In einer aktuellen Schicht erscheint Dürrenmatt — wie sein Kollege Frisch — als der Kritiker des Engen, der Kleinlichkeit und des Materialismus, die er als die Gefahren des Schweizerischen ansieht. Er gefällt sich in der Haltung des Herkules im Stall des Augias, des Helden seiner jüngsten Komödie. In einem poetologischen Sinn erscheint das Schweizerische als der konkrete Gegenpol zur Idee, zum abstrakten Gedanken. Erst beides zusammen macht den Stil von Dürrenmatts Komödie aus. Sprachlich-stilistisch liegt die Sache gleich: Der dialektale Einschlag bindet die hymnisch-pathetische Erhöhung, in die diese Komödien sich nicht selten steigern und die in Rhythmisierung, erhabenen Metaphern, Assonanzen und Reimen am deutlichsten wird, auf diese Erde zurück, ins h i c e t n u n c . Und dramaturgisch scheint die Neigung zum Konkreten die Komödie im überlieferten Sinne zu statuieren: das Stolpern des von der Idee Besessenen über das konkrete Detail gehört zum alten Inventar der Gattung. (Jacob Steiner)

3.2 DAS DILEMMA DER PHYSIKER

Wie sollen oder müssen sich Physiker und Chemiker, Wissenschaftler und in weitestem Sinn alle Erforscher, Entdecker und Erfinder allgemeingefährlicher, todbringender, menschheitsvernichtender, naturwissenschaftlicher Gegebenheiten und Tatbestände in unserer Welt verhalten? Sollen oder müssen sie ihre furchtbaren, existenzbedrohenden Erkenntnisse geheimhalten oder preisgeben? Sollen oder müssen sie ihr Wissen zurückhalten?
Alle diese Fragen beruhen auf der Frage nach der persönlichen Verantwortung der Wissenschaftler. Gewiß sind sich die Wissenschaftler dessen bewußt, daß ihre Erkenntnisse und Entdeckungen in den Sog der Politik geraten, daß aus Wissen Macht werden kann. Aber ist es im Sinne der Freiheit und Großartigkeit des menschlichen Denkens auch zu verantworten, geniale (und seien es auch todbringende und menschheitsvernichtende) Wissenschaftsergebnisse zu unterdrücken, Gefundenes zu verschweigen? Wenn Oskar Keller meint: „Die Eiseskälte eines gnadenlosen Unterganges, der in der Verwirklichung der menschlichen Erkenntnisse eine durchaus reale Möglichkeit beinhaltet, weht aus dem „Psalm Salomos, den Weltraumfahrern zu singen ..." Das Dilemma der Naturwissenschaftler zwischen Macht, Wissen und Gewissen ist unlösbar geworden. Wer als Gewissenskampf oder gar als Selbstopfer aussieht, wird in seiner Wirkungslosigkeit enthüllt" — so könnte man doch entgegnen: Es liegt an der Reife des Menschen, ob, wo und wie er von den Wissenschaftsergebnissen Gebrauch macht.
Hierzu die Worte einiger Kulturkritiker und Naturwissenschaftler:

Wissen ohne Gewissen bedeutet den Untergang der Seele (Rabelais). Alle Fortschritte des Wissens und Könnens wirken sich zuletzt verhängnisvoll aus, wenn wir nicht durch entsprechenden Fortschritt unserer Geistigkeit Gewalt über sie behalten (Albert Schweizer). Wenn Homer und Aischylos nicht gelebt, wenn Dante, Shakespeare und Goethe keine Zeile geschrieben hätten, wenn Bach und Beethoven stumm geblieben wären, würde das auf das tägliche Leben der meisten heutigen Menschen keinen Einfluß gehabt haben. Wenn aber Pythagoras, Newton, James Watt nicht gelebt hätten, würde nicht nur das Leben der Europäer und Amerikaner, sondern auch das der russischen, indischen und chinesischen Bauern völlig anders verlaufen (Bertrand Russel).
Das Problem ist heute nicht Atomenergie, sondern das Herz des Menschen (Albert Einstein).

Wenn die Menschheit nicht reif genug ist, mit den Erkenntnissen der Wissenschaft Schritt zu halten, „den großen Gedanken der Schöpfung noch einmal zu denken", hat sie gegebenenfalls ihren Untergang verdient.

Dürrematt sagt: „Der Inhalt der Physik geht die Physiker an, die Auswirkung alle Menschen."

„Was alle angeht, können nur alle lösen."

Hier wird die Frage der Schuld angeschnitten. Oskar Keller meint: „Trotz der Versuche, die Situation zu ändern durch das Zurückhalten ihres Wissens, werden die Physiker bei Dürrenmatt nicht aus ihrer Verantwortung und Schuld entlassen. Gerade die Tatsache, daß sie zu spät erkannten, wie sehr die Auswirkungen ihrer Forschung alle Menschen angehen, und daß sie nur durch alle gelöst werden können, ist Teil ihrer Schuld. Nicht die Zurücknahme der Erkenntnisse, sondern die Vorbereitung und Erziehung der Menschen zur Bewältigung ihrer Konsequenzen wäre Teil ihrer Verantwortung, also ihre Aufgabe." (Oskar Keller, S. 13 f.)

Hierzu ist zu sagen, daß — argumentierte man so — die Erfinder und Entdecker aller Zeiten „schuldig" sein würden: Gutenberg, weil er durch die Erfindung der Buchdruckerkunst alles Wissen und alle Kenntnisse der Allgemeinheit zugänglich gemacht hat, Edison, weil er durch die Erfindung der Glühbirne die Arbeitsbedingungen der Menschen erleichterte, welche alle Weiterentwicklung ermöglichten, James Watt, weil er durch die Erfindung der Dampfmaschine Wegbereiter der modernen Technik wurde, Philipp Reis, weil er das erste Telephon baute, und Marconi, weil er der Begründer der drahtlosen Telegraphie wurde und beide Möglichkeiten schnellster Nachrichtenübermittlung erschlossen, ganz zu schweigen von den Entdeckungen Röntgens und anderer Strahlenforscher, welche im weitesten Sinne die Voraussetzungen für die Kernspaltung schufen. Hätten sie alle schweigen sollen, ihr Wissen, ihre Entdeckungen und Erfindungen für sich behalten sollen? Haben sie alle gewußt, wozu die Menschheit ihre Erkenntnisse gebrauchen — und mißbrauchen würde? Sind sie alle schuldig, weil sie Neues gefunden haben? Nicht die Forscher und Entdecker sind schuldig, nicht die Physiker, Chemiker, Biologen und Wissenschaftler schlechthin, nicht sie tragen Verantwortung, auch wenn sie vernichtende und zerstörende Wirkungen ihrer Forschungen und Entdeckungen voraussehen. Man braucht auch nur an Alfred Nobel, den Erfinder des Dynamits, zu denken. Kann man ihn schuldig sprechen, weil er seine Erfindung nicht geheimgehalten hat, sondern sie zum Nutzen der Menschheit angewandt wissen wollte? Nicht die Wissenschaftler sind die Primitivtäter, sondern diejenigen, die ihre Erkenntnisse zu Machtzwecken mißbrauchen. Die Kernenergie, die Atomkraft, sollen zu friedlichen Zwecken verwandt werden, dem Wohle der Menschheit dienen, aber nicht, um sie zu vernichten, um alles Geschaffene zu zerstören.

Außerdem — auch wenn der einzelne Wissenschaftler, Physiker sein Wissen zurückhalten würde — würde alles Denkbare früher oder später doch einmal wieder gedacht werden. So sagt die Anstaltsärztin Mathilde von Zahnd: „Was Möbius offenbart worden war, ist kein Geheimnis. Weil es denkbar ist.

Alles Denkbare wird einmal gedacht. Jetzt oder in der Zukunft. Was Salomo gefunden hatte, kann einmal auch ein anderer finden."
Auch das Argument, daß es die Aufgabe der Physiker sei, die Menschen zur Bewältigung der Konsequenzen der Forschungsergebnisse vorzubereiten und zu erziehen, wie Oskar Keller meint (s. o.), ist nicht stichhaltig. Die Wissenschaft dient nur sich selbst, sie kennt — so Galilei in Brechts „Leben des Galilei" — nur ein Gebot: den wissenschaftlichen Beitrag zu leisten. Wissenschaftler sind — Wissenschaftler, sie erforschen und stellen fest, was „ohne Interesse gefällt", sich ergibt, rein um der Sache selbst willen; sie sind keine Pädagogen, die der „Erziehung des Menschengeschlechts" zu dienen haben. Allenfalls können sie nur hinweisen und warnen.
So ist also sein Wohl und sein Wehe in die Hand des Menschen selbst gelegt. Seine Reife und Verantwortung, seine Mündigkeit bestimmen die Geschicke der Welt. Es kommt nur darauf an, was er aus den gewonnenen Einsichten und Erkenntnissen macht, wozu er sie verwendet.
Eritis sicut deus, scientes bonum et malum.
Insofern ist die einzig Schuldige in Dürrenmatts Stück (abgesehen natürlich von den drei Mordtaten der Physiker!) Fräulein Doktor von Zahnd, die sich aus einer verbindlichen, nachsichtigen Sanatoriumsvorsteherin in eine herrische, rücksichtslos harte Gefängnisdirektorin verwandelt und sich das geheimgehaltene Wissen der Physiker, vor allem die wissenschaftlichen Resultate Möbius' längst angeeignet hat und für ihre politischen Weltherrschaftspläne ausnutzen wird. So sagt sie zu Möbius: „Ihr seid unfruchtbar, nur zur Nächstenliebe geeignet. Da erbarmte sich Salomo meiner ... Nun werde ich mächtiger sein als meine Väter. Mein Trust wird herrschen, die Länder, die Kontinente erobern, das Sonnensystem ausbeuten, dem Andromedanebel fahren. Die Rechnung ist aufgegangen." Verurteilung der Wissenschaft! Nein! Verurteilung politischen Machtstrebens, Verurteilung der Diktatur und Tyrannei, Verurteilung rücksichtslos egoistischer Weltherrschaftspläne, Verurteilung der Intoleranz und Gewissenlosigkeit, des Zynismus und der Brutalität, der Vergewaltigung der menschlichen Freiheit schlechthin.

3.3 DAS FAUSTISCHE WELTVERHÄNGNIS

(Hermann Pongs, Dichtung im gespaltenen Deutschland, Stuttgart 1966, S. 440 ff.)

Die dramatischen Entscheidungen werden vom düstersten Hintergrund des abendländisch-faustischen Weltverhängnisses angeleuchtet: Es geht um die Erfindung einer Atombombe mit weltzerstörender Wirkung. Während sich zwei der verrückten Physiker als Spione enthüllen, sowohl der Sowjetmacht wie der USA, also vom West-Ost-Konflikt überschattet, ist der dritte Physiker, der Deutsche Möbius, in einen absoluten Gewissenskonflikt geworfen. In ihm stellt sich die Lage dar, die Theodor Litt in seiner Schrift „Technisches Denken und menschliche Bildung" (1957) als tragische Ambivalenz gedeutet hat: „daß es zum Wesen des Menschen gehört, dem Schicksal der Ambivalenz und damit dem Schicksal einer verhängnisvollen Selbstgefährdung für immer und ewig unterworfen zu sein". Technik und Menschlichkeit treten mit der Erfindung der Atombombe so weit auseinander, daß die entstehende Wahlsituation der Grenzen eines einzelnen Bewußtseins zu sprengen scheint.

Dürrenmatt nimmt sein Thema so ernst, wie es nur sein kann. Hinter dem Mord an der Krankenschwester steht für den Spion des Ostens wie für den Amerikas ein Staatsbefehl. Beide haben den Auftrag, den Verrückten zu spielen, um den deutschen Physiker zu überwachen und möglichst mit seinen genialen Berechnungen zu entführen. Sie selbst sind beide gelernte Physiker im Dienste der Spionage. In dem Augenblick, da sie spüren, daß ihre Krankenschwester ihr Spiel durchschaut hat, sind sie Funktionäre, die bedingungslos Befehlen zu gehorchen haben. Ihre Unmenschlichkeit ist bedingt durch unmenschliche Organisationen. Anders ist das bei dem Deutschen Möbius. Hier hat Dürrenmatt seinen Beitrag zur deutschen Dynamik geliefert. Möbius hat sich selbst zu dem Entschluß durchgerungen, sich als verrückt auszugeben, um seine weltzerstörenden Formeln verheimlichen zu können. Verheiratet und Vater von Kindern, weiß er sich keinen anderen Rat, als den Schizophrenen zu spielen. Er spricht schizophrene Psalmen, die er als Eingebung des Propheten Salomo einführt ...

Seiner Krankenschwester gesteht er den Betrug. Er muß erfahren, daß die hellsichtige Liebe der Frau herausgespürt hat, daß er nicht nur sich wahnsinnig stellt, sondern daß er hinter seiner Maske wirklich Geheimnissen auf der Spur ist, die ihm König Salomo als Abgesandter höherer Mächte eingegeben. Sie zwingt ihn zu dem Bekenntnis: „Salomo bin ich treu geblieben. Er ist in mein Dasein eingebrochen, ungerufen, er hat mich mißbraucht, mein Leben zerstört, aber ich habe ihn nicht verraten." Er versteht darunter zugleich seine Entdeckung der weltzerstörenden Formeln ... Er sieht als Nachfolger Fausts und seines faustischen Zweifels nur das Schrankenlos-Absurde eines ungezügelten Forschers, das allzerstörend sein wird. Darum ermordet er die Liebe und den Glauben seiner Krankenschwester ... Möbius begeht den Mord am Miteinander der Liebe aus einer Dialektik des Geistes, die geradezu abstrakt sich über alle Gesetze der Humanität hinweghebt. Er bekennt sich durch diesen Mord zu den Zerstörungsmächten, die im menschlichen Geiste angelegt sind. Hier ist der Augenblick, da wirklich aus dem Grausig-Komischen ein Tragisches heraufsteigt.

3.4 WER IST KÖNIG SALOMO?

Um das ihm zuteil gewordene Wissen von der Existenz vernichtender physikalischer Tatbestände und gleichzeitig seinen vorgegebenen Wahnsinn zu kaschieren, erfindet der Physiker Wilhelm Möbius die Gestalt des Königs Salomo, dem er gewissermaßen die Verantwortung für sein Handeln, für seine Verzweiflung an der Normalität der Welt zuschiebt.
MÖBIUS: Man hält mich für verrückt. Weil mir der König Salomo erscheint ... Ich kenne Salomo von Angesicht zu Angesicht. Er ist nicht mehr der große goldene König, der Sulamith besingt, und die Rehzwillinge, die unter Rosen weiden, er hat seinen Purpurmantel von sich geworfen, nackt und stinkend kauert er in meinem Zimmer als der arme König der Wahrheit, und seine Psalmen sind schrecklich ...
Nachdem Möbius den „Psalm Salomos, den Weltraumfahrern zu singen", rezitiert hat, weist er seine entsetzte Familie mit dem Wort „Ihr habt den König Salomo beleidigt! Ihr sollt verflucht sein! Ihr sollt im Marianengraben versaufen!" von sich, erklärt aber später seiner Pflegerin, der ihn durchschauenden Schwester Monika: „Die Vergangenheit löscht man am besten mit einem wahnsinnigen Betragen aus ... Der Augenblick war günstig. Salomo hat mir offenbart, was zu offenbaren war, das System aller möglichen Erfindungen ist abgeschlossen. Meine Familie kann mich nun mit gutem Gewissen vergessen. Es ist nun alles in Ordnung." Schwester Monika geht auf seine fiktive Idee von der Erscheinung des Königs Salomo ein:
SCHWESTER MONIKA. Herr Möbius, ich halte Sie nicht für — verrückt.
Möbius lacht, setzt sich wieder.
MÖBIUS. Ich mich auch nicht. Aber das ändert nichts an meiner Lage. Ich habe das Pech, daß mir der König Salomo erscheint. Es gibt nun einmal nichts Anstößigeres als ein Wunder im Reiche der Wissenschaft.
SCHWESTER MONIKA. Herr Möbius, ich glaube an dieses Wunder.
Möbius starrt sie fassungslos an.
MÖBIUS. Sie glauben?
SCHWESTER MONIKA. An den König Salomo.
MÖBIUS. Daß er mir erscheint?
SCHWESTER MONIKA. Daß er Ihnen erscheint.
MÖBIUS. Jeden Tag, jede Nacht?
SCHWESTER MONIKA. Jeden Tag, jede Nacht.
MÖBIUS. Daß er mir die Geheimnisse der Natur diktiert? Den Zusammenhang aller Dinge? Das System aller möglichen Erfindungen?
SCHWESTER MONIKA. Ich glaube daran. Und wenn Sie erzählten, auch noch der König David erscheine Ihnen mit seinem Hofstaat, würde ich es glauben. Ich weiß einfach, daß Sie nicht krank sind. Ich fühle es.
Stille. Dann springt Möbius auf.

MÖBIUS. Es ist tödlich, an den König Salomo zu glauben.
SCHWESTER MONIKA. Ich liebe Sie.
MÖBIUS. Hören Sie zu. Ich habe einen schweren Fehler begangen. Ich habe mein Geheimnis verraten, ich habe König Salomos Erscheinen nicht verschwiegen. Dafür läßt er mich büßen. Lebenslänglich. In Ordnung. Aber Sie sollen nicht auch noch dafür bestraft werden. In den Augen der Welt lieben Sie einen Geisteskranken. Sie laden nur Unglück auf sich. Verlassen Sie die Anstalt, vergessen Sie mich. So ist es am besten für uns beide.
Kurz darauf erdrosselt er Schwester Monika mit einer Vorhangkordel.
Von Möbius, für den der alte König Salomo des Alten Testaments seine Weisheit eingebüßt und seinen königlichen Glanz verloren hat, dem sich im nackten, armen König Salomo der Fluch der Erkenntnis und die Furchtbarkeit der neuen Wahrheit weltzerstörender Mächte sowie die Brüchigkeit und Verantwortungslosigkeit moderner politischer Herrschaftssysteme offenbart, übernimmt im 2. Akt Fräulein Doktor Mathilde von Zahnd, die Anstaltsleiterin, die Vorstellung von der Erscheinung König Salomos. Zu den drei Physikern sagt sie:
FRL. DOKTOR. Nur ihr sollt mein Geheimnis wissen. Ihr allein von den Menschen. Weil es keine Rolle mehr spielt, wenn ihr es wißt.
Schweigen.
FRL. DOKTOR feierlich. Auch mir ist der goldene König Salomo erschienen.
Die drei starren sie verblüfft an.
MÖBIUS. Salomo?
FRL. DOKTOR. All die Jahre.
Newton lacht leise auf.
FRL. DOKTOR unbeirrbar. Zuerst in meinem Arbeitszimmer. An einem Sommerabend. Draußen schien noch die Sonne und im Park hämmerte ein Specht, als auf einmal der goldene König heranschwebte. Wie ein gewaltiger Engel.
EINSTEIN. Sie ist wahnsinnig geworden.
FRL. DOKTOR. Sein Blick ruhte auf mir. Seine Lippen öffneten sich. Er begann mit seiner Magd zu reden. Er war von den Toten auferstanden, er wollte die Macht wieder übernehmen, die ihm einst hienieden gehörte, er hatte seine Weisheit enthüllt, damit in seinem Namen Möbius auf Erden herrsche.
EINSTEIN. Sie muß interniert werden. Sie gehört in ein Irrenhaus.
FRL. DOKTOR. Aber Möbius verriet ihn. Er versuchte zu verschweigen, was nicht verschwiegen werden konnte. Denn was ihm offenbart worden war, ist kein Geheimnis. Weil es denkbar ist. Alles Denkbare wird einmal gedacht. Jetzt oder in der Zukunft. Was Salomo gefunden hatte, kann einmal auch ein anderer finden, es sollte die Tat des goldenen Königs bleiben, das Mittel zu seiner heiligen Weltherrschaft und so suchte er mich auf, seine unwürdige Dienerin.

EINSTEIN eindringlich. Sie sind verrückt. Hören Sie, Sie sind verrückt.
FRL. DOKTOR. Er befahl mir, Möbius abzusetzen und an seiner Stelle zu herrschen. Ich gehorchte dem Befehl. Ich war Ärztin und Möbius mein Patient. Ich konnte mit ihm tun, was ich wollte. Ich betäubte ihn, jahrelang, immer wieder, und photokopierte die Aufzeichnungen des goldenen Königs, bis ich auch die letzten Seiten besaß.
Gegen den Einwand Möbius', er habe Salomo nur erfunden, um seine Entdeckungen und seinen Wahnsinn zu kaschieren, hält jetzt die Anstaltsärztin, die sich freilich bald darauf als halbirre, skrupellose Vergewaltigerin ihrer „Patienten" entpuppt, an der Erscheinung Salomos fest. Nur ist er für sie eine andere Autorität, ein anderer Auftraggeber als er es für Möbius gewesen war:
NEWTON. Sie sind übergeschnappt! Vollkommen! Begreifen Sie doch endlich! (leise) Wir alle sind übergeschnappt.
FRL. DOKTOR. Ich ging behutsam vor. Ich beutete zuerst nur wenige Erfindungen aus, das nötige Kapital anzusammeln. Dann gründete ich Riesenwerke, erstand eine Fabrik um die andere und baute einen mächtigen Trust auf. Ich werde das System aller möglichen Erfindungen auswerten, meine Herren.
MÖBIUS eindringlich. Fräulein Doktor Mathilde von Zahnd: Sie sind krank. Salomo ist nicht wirklich. Er ist mir nie erschienen.
FRL. DOKTOR. Sie lügen.
MÖBIUS. Ich habe ihn nur erfunden, um meine Entdeckungen geheimzuhalten.
FRL. DOKTOR. Sie verleugnen ihn.
MÖBIUS. Nehmen Sie Vernunft an. Sehen Sie doch ein, daß Sie verrückt sind.
FRL. DOKTOR. Ebensowenig wie Sie.
MÖBIUS. Dann muß ich der Welt die Wahrheit entgegenschreien. Sie beuteten mich all die Jahre aus. Schamlos. Sogar meine arme Frau ließen Sie noch zahlen.
FRL. DOKTOR. Sie sind machtlos, Möbius. Auch wenn Ihre Stimme in die Welt hinausdränge, würde man Ihnen nicht glauben. Denn für die Öffentlichkeit sind Sie nichts anderes als ein gefährlicher Verrückter. Durch Ihren Mord.
Die drei ahnen die Wahrheit.
MÖBIUS. Monika?
EINSTEIN. Irene?
NEWTON. Dorothea?
FRL. DOKTOR. Ich nahm nur eine Gelegenheit wahr. Das Wissen Salomos mußte gesichert und euer Verrat bestraft werden. Ich mußte euch unschädlich machen. Durch eure Morde. Ich hetzte die drei Krankenschwestern auf euch. Mit eurem Handeln konnte ich rechnen. Ihr waret bestimmbar wie Automaten und habt getötet wie Henker.

MÖBIUS. Es ist tödlich, an den König Salomo zu glauben.
SCHWESTER MONIKA. Ich liebe Sie.
MÖBIUS. Hören Sie zu. Ich habe einen schweren Fehler begangen. Ich habe mein Geheimnis verraten, ich habe König Salomos Erscheinen nicht verschwiegen. Dafür läßt er mich büßen. Lebenslänglich. In Ordnung. Aber Sie sollen nicht auch noch dafür bestraft werden. In den Augen der Welt lieben Sie einen Geisteskranken. Sie laden nur Unglück auf sich. Verlassen Sie die Anstalt, vergessen Sie mich. So ist es am besten für uns beide.
Kurz darauf erdrosselt er Schwester Monika mit einer Vorhangkordel.
Von Möbius, für den der alte König Salomo des Alten Testaments seine Weisheit eingebüßt und seinen königlichen Glanz verloren hat, dem sich im nackten, armen König Salomo der Fluch der Erkenntnis und die Furchtbarkeit der neuen Wahrheit weltzerstörender Mächte sowie die Brüchigkeit und Verantwortungslosigkeit moderner politischer Herrschaftssysteme offenbart, übernimmt im 2. Akt Fräulein Doktor Mathilde von Zahnd, die Anstaltsleiterin, die Vorstellung von der Erscheinung König Salomos. Zu den drei Physikern sagt sie:
FRL. DOKTOR. Nur ihr sollt mein Geheimnis wissen. Ihr allein von den Menschen. Weil es keine Rolle mehr spielt, wenn ihr es wißt.
Schweigen.
FRL. DOKTOR feierlich. Auch mir ist der goldene König Salomo erschienen.
Die drei starren sie verblüfft an.
MÖBIUS. Salomo?
FRL. DOKTOR. All die Jahre.
Newton lacht leise auf.
FRL. DOKTOR unbeirrbar. Zuerst in meinem Arbeitszimmer. An einem Sommerabend. Draußen schien noch die Sonne und im Park hämmerte ein Specht, als auf einmal der goldene König heranschwebte. Wie ein gewaltiger Engel.
EINSTEIN. Sie ist wahnsinnig geworden.
FRL. DOKTOR. Sein Blick ruhte auf mir. Seine Lippen öffneten sich. Er begann mit seiner Magd zu reden. Er war von den Toten auferstanden, er wollte die Macht wieder übernehmen, die ihm einst hienieden gehörte, er hatte seine Weisheit enthüllt, damit in seinem Namen Möbius auf Erden herrsche.
EINSTEIN. Sie muß interniert werden. Sie gehört in ein Irrenhaus.
FRL. DOKTOR. Aber Möbius verriet ihn. Er versuchte zu verschweigen, was nicht verschwiegen werden konnte. Denn was ihm offenbart worden war, ist kein Geheimnis. Weil es denkbar ist. Alles Denkbare wird einmal gedacht. Jetzt oder in der Zukunft. Was Salomo gefunden hatte, kann einmal auch ein anderer finden, es sollte die Tat des goldenen Königs bleiben, das Mittel zu seiner heiligen Weltherrschaft und so suchte er mich auf, seine unwürdige Dienerin.

EINSTEIN eindringlich. Sie sind verrückt. Hören Sie, Sie sind verrückt.
FRL. DOKTOR. Er befahl mir, Möbius abzusetzen und an seiner Stelle zu herrschen. Ich gehorchte dem Befehl. Ich war Ärztin und Möbius mein Patient. Ich konnte mit ihm tun, was ich wollte. Ich betäubte ihn, jahrelang, immer wieder, und photokopierte die Aufzeichnungen des goldenen Königs, bis ich auch die letzten Seiten besaß.
Gegen den Einwand Möbius', er habe Salomo nur erfunden, um seine Entdeckungen und seinen Wahnsinn zu kaschieren, hält jetzt die Anstaltsärztin, die sich freilich bald darauf als halbirre, skrupellose Vergewaltigerin ihrer „Patienten" entpuppt, an der Erscheinung Salomos fest. Nur ist er für sie eine andere Autorität, ein anderer Auftraggeber als er es für Möbius gewesen war:
NEWTON. Sie sind übergeschnappt! Vollkommen! Begreifen Sie doch endlich! (leise) Wir alle sind übergeschnappt.
FRL. DOKTOR. Ich ging behutsam vor. Ich beutete zuerst nur wenige Erfindungen aus, das nötige Kapital anzusammeln. Dann gründete ich Riesenwerke, erstand eine Fabrik um die andere und baute einen mächtigen Trust auf. Ich werde das System aller möglichen Erfindungen auswerten, meine Herren.
MÖBIUS eindringlich. Fräulein Doktor Mathilde von Zahnd: Sie sind krank. Salomo ist nicht wirklich. Er ist mir nie erschienen.
FRL. DOKTOR. Sie lügen.
MÖBIUS. Ich habe ihn nur erfunden, um meine Entdeckungen geheimzuhalten.
FRL. DOKTOR. Sie verleugnen ihn.
MÖBIUS. Nehmen Sie Vernunft an. Sehen Sie doch ein, daß Sie verrückt sind.
FRL. DOKTOR. Ebensowenig wie Sie.
MÖBIUS. Dann muß ich der Welt die Wahrheit entgegenschreien. Sie beuteten mich all die Jahre aus. Schamlos. Sogar meine arme Frau ließen Sie noch zahlen.
FRL. DOKTOR. Sie sind machtlos, Möbius. Auch wenn Ihre Stimme in die Welt hinausdränge, würde man Ihnen nicht glauben. Denn für die Öffentlichkeit sind Sie nichts anderes als ein gefährlicher Verrückter. Durch Ihren Mord.
Die drei ahnen die Wahrheit.
MÖBIUS. Monika?
EINSTEIN. Irene?
NEWTON. Dorothea?
FRL. DOKTOR. Ich nahm nur eine Gelegenheit wahr. Das Wissen Salomos mußte gesichert und euer Verrat bestraft werden. Ich mußte euch unschädlich machen. Durch eure Morde. Ich hetzte die drei Krankenschwestern auf euch. Mit eurem Handeln konnte ich rechnen. Ihr waret bestimmbar wie Automaten und habt getötet wie Henker.

Möbius will sich auf sie stürzen, Einstein hält ihn zurück.
FRL. DOKTOR. Es ist sinnlos, Möbius, sich auf mich zu stürzen. So wie es sinnlos war, Manukripte zu verbrennen, die ich schon besaß.
Möbius wendet sich ab.
FRL. DOKTOR. Was euch umgibt, sind nicht mehr die Mauern einer Anstalt. Dieses Haus ist die Schatzkammer meines Trusts. Es umschließt drei Physiker, die allein außer mir die Wahrheit wissen. Was euch in Bann hält, sind keine Irrenwärter: Sievers ist der Chef meiner Werkpolizei. Ihr seid in euer eigenes Gefängnis geflüchtet. Salomo hat durch euch gedacht, durch euch gehandelt, und nun vernichtet er euch. Durch mich.
Schweigen.
Für Fräulein Doktor Mathile von Zahnd ist Salomo nicht mehr der nackte, stinkende, arme König der Wahrheit, sondern wieder ein glanzvoller, mächtiger König, die Inkarnation größter Machtfülle. Sie stellt das alte biblische Herrschaftsbild dieses Königs wieder her — freilich unter einem gänzlich anderem Vorzeichen und nunmehr nur bezogen auf ihre brutalen egoistischen Weltherrschaftspläne: „Ich übernehme seine Macht. Ich fürchte mich nicht."

3.5 DIE SPRÜCHE SALOMOS

Und Gott gab Salomo sehr große Weisheit und Verstand und reichen Geist wie Sand, der am Ufer des Meeres liegt.

Buch der Könige I, 5, 9.

Denn Weisheit ist besser als Perlen, und alles, was man wünschen mag, kann ihr nicht gleichen.
Ich Weisheit wohne bei der Klugheit, und ich weiß guten Rat zu geben.
Mein ist beides, Rat und Tat; ich habe Verstand und Macht.
Durch mich regieren die Könige und setzen die Ratsherren das Recht.
Durch mich herrschen die Fürsten und alle Regenten auf Erden.

Die Sprüche Salomos 8, 11-16.

Wer weise ist, nimmt die Gebote an; wer aber ein Narrenmaul hat, wird geschlagen.
Wer unschuldig ist, der lebt sicher; wer aber verkehrt ist auf seinen Wegen, wird offenbar werden.
Des Gerechten Mund ist ein Brunnen des Lebens; aber den Mund der Gottlosen wird ihr Frevel überfallen.
Die Weisen bewahren die Lehre; aber der Narren Mund ist nahe dem Schrecken.

Der Gerechte braucht sein Gut zum Leben; aber der Gottlose braucht sein Einkommen zur Sünde.
Die Zucht halten ist der Weg zum Leben; wer aber der Zurechtweisung nicht achtet, der bleibt in der Irre.
Wo viele Worte sind, da geht's ohne Sünde nicht ab; wer aber seine Lippen hält, ist klug.
Der Mund des Gerechten bringt Weisheit; aber die Zunge des Verkehrten wird ausgerottet.
Die Lippen der Gerechten lehren heilsame Dinge; aber der Gottlosen Mund ist verkehrt.

Die Sprüche Salomos 10, 8-32.

3.6 INKONSEQUENZEN IN DÜRRENMATTS PHYSIKER-DRAMA

(Manfred Durzak, Dürrematt, Frisch, Weiss, Stuttgart 1972, S. 119 ff.)

Dürrenmatt treibt als Autor ein doppeltes Spiel. Wenn er die Patienten der Anstalt in der ersten Bühnenanmerkung als „harmlose, liebenswerte Irre, lenkbar, leicht zu behandeln und anspruchslos" bezeichnet, so ist das eine Aussage, mit der die drei Physiker bewußt falsch charakterisiert sind. Denn, wie im zweiten Akt allmählich aufgedeckt wird, sind sie alles andere als harmlose Irre. Keiner der drei ist verrückt, am wenigsten Möbius. Die beiden anderen, Newton und Einstein, sind vom westlichen bzw. östlichen Geheimdienst auf Möbius angesetzt worden, um zu ergründen, ob er wirklich verrückt ist oder ob es sich bei dem Verhalten dieses genialsten Physikers des Jahrhunderts nur um eine gewählte Tarnung handelt ...
So, wie die beiden Mörder Newton und Einstein den Inspektor täuschen und sich als Verrückte aufspielen, sollten sie auch das Publikum täuschen. Allerdings zeigt sich hier bereits eine Inkonsequenz: Dürrenmatt läßt ihn im Kostüm des frühen 18. Jahrhunderts auftreten, um damit nach außen hin seine schizophrene Identifikation mit der historischen Figur Newtons zu unterbauen. Nun legt aber der klinische Befund eines Schizophrenen keineswegs nahe, daß die historische Kostümmaskerade notwendig ist und von Schizophrenen tatsächlich gebraucht würde ...
Newtons Mord an Schwester Dorothea hatte zwei Motive: einmal, die Schwester zu töten, weil sie ihm auf der Spur war (er ist ja in Wirklichkeit der amerikanische Physiker und Geheimdienstagent Alec Jasper Kilton), und zum anderen, seinen Wahnsinn durch eine solche Tat überzeugend zu dokumentieren. Aber wie läßt sich dann bei einem hochintelligenten Physiker und zugleich ausgebildeten Geheimagenten der banals Lapsus der falschen Ver-

kleidung erklären! Diese Verkleidung behält Newton ja bei ... Es hat den Anschein, daß Dürrenmatt sich bei der Konstruktion seiner dramatischen Fabel selbst ins Gehege kam ...

Festzustellen ist ferner, daß im Munde Newtons die Meditation über die Veräußerlichung und den Mißbrauch der wissenschaftlichen Erkenntis zur Lüge wird. Denn er selbst hat ja seine Kenntnisse veräußerlicht und sie in den Dienst einer politischen Macht gestellt. Eine dieser Tatsache gegenteilige Aussage, wie sie Newton in dem Gespräch mit dem Inspektor tut, fällt also aus dem psychologischen Rahmen der Figur heraus und erweist sich als Sentenz, die ein dem Autor wichtiges Thema zur Sprache bringt, ohne daß dieses Thema überzeugend aus der dargestellten Handlungssituation entwickelt worden wäre ... Newton und Einstein, die im Dienst politischer Mächte zu bloßen Werkzeugen gewordenen Physiker, lassen sich zudem nicht eigentlich als Gegenfiguren zu Möbius auffassen. Denn sind nicht selbst bei Möbius, der ja um der moralischen Integrität seines Bewußtseins willen von der großen wissenschaftlichen Karriere Abschied nahm und ins Irrenhaus emigrierte, um frei zu sein, Züge der Veräußerlichung, ja Entmenschlichung wahrzunehmen! —

Der Zustand der Denaturierung und Entmenschlichung, der hier als Endstufe eines sinnlos gewordenen wissenschaftlichen Fortschritts beschrieben wird, trifft auch auf Möbius bei der Konfrontation mit seiner Familie zu. Der Ruf: „Packt euch nun nach den Marianen fort!", mit dem er sich von seiner Familie verabschiedet, ist an brutaler Gefühllosigkeit nicht zu übertreffen. (Dabei legt Frau Möbius' neuer Mann, der Missionar Rose, den Dürrenmatt allerdings zur Witzfigur degradiert, ein wesentlich aktiveres moralisches Bewußtsein an den Tag als Möbius: sein Verantwortungsgefühl läßt ihn eine missionarische Aufgabe auf einer fernen Insel übernehmen, während Möbius Antwort auf die Konfliktsituationen der Welt reiner Eskapismus ist.)

Die moralische Konfrontation, die Möbius zu dem Entschluß bringt, seine Erkenntnisse nicht in den Dienst der Realität zu stellen, sondern im Irrenhaus ein eigenes Leben zu führen, wird widerlegt, da der gesamte vorbereitende Weg, der zu seinen Erkenntnissen führte, ihn in seiner Abhängigkeit von der Realität, nämlich seiner Familie, zeigt. Also nicht nur Newton und Einstein spielen im übertragenen Sinn Komödie und täuschen eine Identität vor. Das gilt auch für Möbius, der eine moralische Integrität seiner Person vorspielt, die von der Geschichte seiner Entwicklung her widerlegt wird. Während er aus moralischer Verantwortung der Wissenschaft gegenüber aus der Realität ins Sanatorium geflohen ist, wird er durch seine Tat (die Ermordung der Schwester Monika, die ihn liebt) konkret als unmoralisch entlarvt. Möbius, der seine wissenschaftliche Erkenntnis davor bewahren wolle, Anstoß zu Verbrechen an der Menschheit zu werden, ist selber beim Versuch, seine Erkenntnisse rein zu halten, zum Verbrecher geworden. Prinzipiell läßt sich also von keinem Unterschied zwischen Newton, Einstein und Möbius sprechen. Faktisch sind alle drei Mörder ...

3.7 ETWAS PHYSIK VON NEWTON BIS EINSTEIN

(Der Weg zur Atombombe)

Die Entdeckungen Galileis und seines Nachfolgers Newton haben zu einem mechanischen Weltbild von Kräften, Druck und Gegendruck, Spannungen, Schwingungen und Wellen geführt. Es schien keinen Naturprozeß zu geben, der nicht mit den Begriffen der Alltagserfahrung beschrieben, durch ein konkretes Modell veranschaulicht und durch die erstaunlich genauen Gesetze der Newtonschen Mechanik vorausbestimmt werden konnte. Doch vor dem Ausgang des verflossenen Jahrhunderts ist man auf gewisse Abweichungen von diesen Gesetzen gestoßen, und obwohl diese Abweichungen nur geringfügig waren, erwiesen sie sich als so grundlegend, daß das ganze Gebäude der mechanistischen Newtonschen Welt ins Wanken geriet ...
Einem Forscher wie Einstein, der davon überzeugt war, daß der bloße Raum nichts und Bewegung relativ ist, mußte dieser scheinbare Ausnahmecharakter der ungleichförmigen Bewegung ein Dorn im Auge sein. In der Speziellen Relativitätstheorie war er von dem einfachen Leitsatz ausgegangen, die Naturgesetze seien für alle gleichförmig zueinander bewegten Systeme dieselben. In seiner unerschütterlichen Überzeugung von der durchgängigen Harmonie in der Natur gelangte er nun dazu, auch für die ungleichförmig bewegten Systeme keine Ausnahme von dieser Regel zuzulassen. Deshalb stellte er an den Anfang seiner Allgemeinen Relativitätstheorie den Satz: die Naturgesetze sind für alle Systeme ungeachtet ihres Bewegungszustandes dieselben. Indem er diesen Gedanken ausführte, gelangte er zu völlig neuen Gravitationsgesetzen, die eine tiefgreifende Änderung der meisten Grundbegriffe des physikalischen Weltbildes, wie es nun schon dreihundert Jahre bestand, mit sich brachten.
Einstein ging dabei vom Newtonschen Trägheitsgesetz aus, das bekanntlich lautet: Ein Körper verharrt im Zustande der Ruhe oder gleichförmiggeradlinigen Bewegung, solange er nicht durch einwirkende Kräfte zur Veränderung dieses Zustandes gezwungen wird. Das unangenehme Gefühl, das wir bei der plötzlichen Verlangsamung und Beschleunigung des Zugtempos oder beim Passieren einer Kurve empfinden, geht auf die Trägheit zurück: unser Körper hat die Tendenz, sich gleichförmig-geradlinig weiterzubewegen; zwingt uns der Zug unter die Wirkung einer Gegenkraft, so versucht unsere Körperträgheit, dieser Widerstand entgegenzusetzen. Trägheit verursacht

auch das angestrengte Keuchen der Lokomotive, wenn diese einen langen Güterzug zum Rollen bringen muß.

Mit Recht hat seinerzeit Newton seinem Trägheitsgesetz ein weiteres Gesetz angereiht: Die Kraft, die erforderlich ist, um einen Körper in Bewegung zu setzen, hängt von seiner Masse ab. Wirkt dieselbe Kraft auf zwei Körper von verschiedener Masse ein, dann wird der kleinere Körper stärker beschleunigt als der größere. Dieses Prinzip bewährt sich im ganzen Bereich der menschlichen Alltagserfahrung, beim Schieben eines Kinderwagens ebenso wie beim Abfeuern eines Geschützes. Es stellt weiter nichts als die Verallgemeinerung der bekannten Tatsache dar, daß sich ein Tennisball in schnellere Bewegung versetzen und weiter schleudern läßt als eine eiserne Kugel.

Newton fand die Lösung des Rätsels in seinem Gravitationsgesetz. Danach wächst die geheimnisvolle Kraft, mit der ein Körper den anderen anzieht, proportional zur Masse: je größer der Körper, desto stärker wirkt die Gravitation auf ihn ein. Bei einem kleinen Gegenstand ist die Trägheit entsprechend geringfügig und die auf ihn einwirkende Schwerkraft unbedeutend. Dasselbe gilt — mutatis mutandis — für große Gegenstände. Deshalb wirkt die Schwerkraft der Trägheit eines jeden Körpers im gleichen Grad entgegen. Und das ist der Grund, warum alle Gegenstände, was auch ihre träge Masse sei, mit derselben Beschleunigung zu Boden fallen.

Die Physiker haben noch drei Jahrhunderte nach Newton dieses bedeutsame Naturgesetz — die unbedingte Übereinstimmung von Schwerkraft und Trägheit — auf Treu und Glauben hingenommen, aber niemals richtig verstanden und erklärt. Die neuzeitliche Mechanik und die moderne Technik beruhen ausnahmslos auf Newtonschen Grundlagen, und sogar die Himmelsbewegung schien sich genau nach ihnen zu richten. Einstein jedoch, den sein systematischen Mißtrauen allen ungeprüften Annahmen gegenüber immer wieder zu neuen Entdeckungen befähigt hatte, konnte sich mit gewissen Newtonschen Postulaten nicht befreunden. Er zweifelte daran, daß die Übereinstimmung zwischen Gravitation und Trägheit auf reinem Zufall beruhe. Auch verwarf er den Begriff der Gravitation als einer Kraft, die ohne jegliches Zeitintervall in die Ferne wirken könne. Er entwickelte daher eine neue Gravitationslehre, die ein viel richtigeres Bild von den Naturvorgängen gibt als Newtons klassisches Gesetz.

Die Gravitation erwies sich also gleichsam als das Schwert, mit dem Einstein den Drachen der absoluten Bewegung erlegte. Aber was ist denn nun die Schwerkraft? Eins steht fest: der Einsteinsche Gravitationsbegriff unterscheidet sich ganz wesentlich von dem Newtonschen. Nach Einstein ist die Gravitation keine „Kraft". Die Ansicht, nach der materielle Körper einander anziehen, ist für ihn eine Täuschung, die auf irrtümliche, mechanische Vorstellungen über die Natur zurückgeht. Solange man das Universum als eine große Maschine betrachtet, liegt der Gedanke nahe, daß seine verschiedenen

Teile Kraftwirkungen aufeinander ausüben. Aber je tiefer die Physik in die Relativität eindringt, um so deutlicher wird es, daß das Weltall keineswegs als Maschine aufgefaßt werden kann. Einsteins Gravitationsgesetz enthält keinen Hinweis auf irgendwelche Kraft. Es beschreibt das Verhalten der Objekte in einem Gravitationsfeld, zum Beispiel dem der Planeten, nicht als „Anziehung", die diese Himmelskörper aufeinander ausüben, sondern einfach als eine Reihe von Bewegungsvorgängen. Während die Newtonschen Formeln mit dynamischen Begriffen wie „Kraft" und „Masse" arbeiten, verwendet Einstein geometrische Beziehungen. Für ihn stellt die Gravitation nur einen Spezialfall der Trägheit dar: die Bewegungen der Himmelskörper gehen einfach auf die diesen innewohnende Trägheit zurück, ihre Bahnen im Firmament werden durch die geometrischen Eigenschaften des Raumes bestimmt oder, genauer gesprochen, durch die geometrischen Eigenschaften des raumzeitlichen Kontinuums ...

Albert Einstein wurde 1879 in Ulm geboren und war zuerst Professor in Zürich und Prag und von 1914 bis 1933 Leiter des Kaiser-Wilhelm-Institutes für Physik in Berlin. Später lehrte er an der Universität Princeton in USA. 1921 erhielt er den Nobel-Preis für Physik. Einsteins Leben und Werk sind der Erweiterung der menschlichen Naturerkenntnis gewidmet. Er ist der Urheber der Relativitätstheorie, die von grundlegender Bedeutung für die Physik der Atomkerne ist und den Weg zur Gewinnung der Atomenergie gewiesen hat. Seine zweite Leistung beruht auf der Erweiterung der von Max Planck begründeten Quantentheorie, welche die physikalischen Gesetze aufzeigt, die das unsichtbare Universum, das auch durch das Mikroskop nicht mehr erkennbar ist, regieren. Sie wurde so ebenfalls zu einer wesentlichen Grundlage der modernen Atomphysik. Seine letzte Tat ist die Entdeckung der Feldtheorie, in der Einstein zeigen will, daß alle Naturerscheinungen — die Sterne und Planeten, Licht, Elektrizität und möglicherweise selbst die winzigen Partikel im Innern des Atoms — denselben allgemeinen Gesetzen gehorchen.

(Nach Lincoln Barnet, Einstein und das Universum, Frankfurt a. M. 1952)

Nach dem von Einstein 1905 formulierten Gesetz sind Masse und Energie einander äquivalent. Es sind zwei Formen ein und desselben Phänomens. Masse läßt sich in Energie und Energie in Masse überführen. So ist z. B. berechnet worden, daß der Masse von 1 kg die Energie von 24 Milliarden Kilowattstunden Wärme entspricht.

Die belebte und unbelebte Materie setzt sich aus kleinsten Bausteinen zusammen, die man Atome nennt. Ihre Realität wurde zu Beginn unseres Jahrhunderts experimentell bewiesen und ihre Struktur in den Grundzügen aufgeklärt.

Nach dem im wesentlichen von Rutherford und de Bohr zu Beginn dieses Jahrhunderts entwickelten Modell besteht das Atom aus einem Atomkern, der von einer Atomhülle umgeben ist. Der Atomkern setzt sich aus den elektrisch positiv geladenen Protonen und elektrisch neutralen Neutronen zusammen. Protonen und Neutronen werden durch Kernkräfte zusammengehalten, deren Stärke die abstoßenden Kräfte zwischen den positiv geladenen Protonen überwiegt.

Zur Spaltung von Atomkernen sind Neutronen besonders gut geeignet, weil sie keine elektrische Ladung haben und von den positiv geladenen Kernen nicht abgestoßen werden. Neutronen spielen deshalb bei der Kernspaltung eine wichtige Rolle.

Die deutschen Chemiker Otto Hahn und Straßmann entdeckten 1939, daß ein Kern des Uran — 235 durch den Beschuß mit langsamen Neutronen in zwei mittelschwere Trümmerkerne auseinanderfällt. Genauere Untersuchungen ergaben, daß dabei weitere Neutronen und die im Kern gespeicherte Energie frei werden.

Die bei der Spaltung von Uran-235 frei werdenden Neutronen können nun ihrerseits weitere Urankerne spalten. Es entsteht somit eine Kettenreaktion. Gehen wir davon aus, daß nach jeder Spaltung 3 freie Neutronen zur Verfügung stehen, so sind es in den weiteren Schritten 9, 27, 81, 243 ... usw. Wenn genügend Urankerne vorhanden sind, wächst der Prozeß der Kernspaltung lawinenartig an. Eine Kettenreaktion läuft ab, bei der ungeheure Mengen von Kernenergie frei werden.

Bis zur Konstruktion der unvorstellbar großen, vernichtenden Wirkung der Atombombe war es nun nur noch ein Schritt.

Bei dem Vorgang der Kernspaltung nämlich kommt es zum Aufbau von neuen Elementen, den sogenannten Transuranen, unter denen sich auch das Plutonium befindet. Plutonium 239 wird also bei der Kernspaltung gewonnen. Es ist ein künstlich gewonnenes Element, das zur Bestückung von Brennstäben verwendet werden kann und einen Kernbrennstoff darstellt. Es hat ungeheure explosive Eigenschaften. Der Physiker Amory Lovins, seit 1978 Professor an der University of California, Berkeley, Berater vieler Atomkommissionen, äußert sich hierzu wie folgt:

„Spaltbares Material und insbesondere Plutonium kann wegen seiner explosiven und giftigen Eigenschaften mißbraucht werden. Das kann geschehen durch Regierungen, politische Gruppen, Terroristen und Verbrecher. Ihre Motive mögen militärisch, politisch, wirtschaftlich sein oder ganz einfach verrückt. Wir betrachten diese mißbräuchliche Verwendung von Kernmaterialien und die Konsequenzen, die das haben könnte, als eines der schwersten Risiken.

Hauptsorge beim Plutonium ist, daß die Menge, die man braucht, um eine Atombombe herzustellen, sehr klein ist. Eine Bombe mit einer Wirkung wie etwa der Nagasaki-Bombe könnte aus ein paar Kilogramm Plutoniummetall hergestellt werden; das ist ein Stück kaum größer als ein Tennisball. Eine

Bombe, die kaum weniger stark ist, könnte man unmittelbar aus Plutoniumoxidpulver herstellen, so groß wie etwa sechs oder acht Zigarettenpäckchen. Plutonium 239 bleibt explosiv für seine extrem lange Halbwertzeit, und das Zerfallsprodukt Uranium 235 ist ein noch dauerhafteres bombengeeignetes Material. Wenn Plutonium also einmal entstanden ist, muß man es unbegrenzt und wirksam überwachen.

Vor der Wiederaufarbeitung ist Plutonium nur in einer Anzahl von Brennstäben vorhanden, die kontrollierbar sind, die man zählen kann. Eine Wiederaufarbeitung bringt nun aber das Plutonium in eine homogene und leicht teilbare Form, relativ leicht in der Handhabung, aber auch sehr schwer zu messen, weil es auch hochgiftig ist und komplexe Chemie darstellt. Es ist leichter zu stehlen, und der Diebstahl ist viel schwerer festzustellen."

Paul Sieghart, Anwalt und Atomberater der britischen Regierung meint:
„Ich glaube, wir waren uns alle einig, daß es ganz unmöglich ist, spaltbares Material allein durch rein physische Mittel abzusichern. Alle Sicherungssysteme müßten aber von Menschen ausgelegt und gebaut und überwacht und gewartet werden. **Es ist also unvermeidlich, daß sich auch in ein solches System die Möglichkeit menschlichen Versagens einschleichen wird.**
Unabhängig davon ist es die Funktion jeder verantwortungsbewußten Regierund, die die Verantwortung für den Schutz ihrer Bürger trägt, alles zu tun, um zu gewährleisten, daß Plutonium in überhaupt keiner Menge in die falschen Hände kommt. Wir haben uns wohl darauf geeinigt, daß automatisierte physische Systeme allein nicht ausreichen, sondern daß Menschen hinzukommen müssen, um uns vor der äußersten Katastrophe zu schützen."

Noch einmal sei an das Wort Albert Einsteins erinnert:
„Das Problem ist heut nicht die Atomenergie, sondern das Herz des Menschen."

3.8 WORTE ALBERT EINSTEINS UND FRIEDRICH DÜRRENMATTS

Das tiefste und erhabenste Gefühl, dessen wir fähig sind, ist das Erlebnis des Mystischen. Aus ihm allein keimt wahre Wissenschaft. Wem dieses Gefühl fremd ist, wer sich nicht mehr wundern und in Ehrfurcht verlieren kann, der ist seelisch bereits tot. Das Wissen darum, daß das Unerforschliche wirklich existiert und daß es sich als höchste Wahrheit und strahlendste Schönheit offenbart, von denen wir nur eine dumpfe Ahnung haben können — dieses Wissen und diese Ahnung sind der Kern aller wahren Religiosität.

Das kosmische Erlebnis der Religion ist das stärkste und edelste Motiv naturwissenschaftlicher Forschung. Meine Religion besteht in der demütigen Anbetung eines unendlich geistigen Wesens höherer Natur, das sich selbst in den kleinsten Einzelheiten kundgibt, die wir mit unseren schwachen und unzulänglichen Sinnen wahrzunehmen vermögen. Diese tiefe gefühlsmäßige Überzeugung von der Existenz einer höheren Denkkraft, die sich im unerforschlichen Weltall manifestiert, bildet den Inhalt meiner Gottesvorstellung.

Im Gegensatz hierzu Worte Friedrich Dürrenmatts:
„Glauben an Gott? Das ist wohl die schwierigste Frage. Was ist Gott? Das ist nun so etwas Nebelhaftes. Wenn man sich mit der Natur beschäftigt, wenn man also weiß, wie das Universum ist – da sich Gott vorzustellen, das ist eigentlich unmöglich heute geworden. Ich kann mir das nicht mehr vorstellen. Für mich gibt es eigentlich keinen einzigen Grund, keinen logischen Grund, einen Gott anzunehmen. Und ich kann nur sagen: Bis jetzt habe ich keinen Gott gefunden, der mir einleuchtet."

3.9 DER APOKALYPTIKER FRIEDRICH DÜRRENMATT

Laut Dürrenmatt ist die Welt ein Irrenhaus und ihr Untergang ist bereits vorprogrammiert. So stellt es seine letzte, handlungslose, unspielbare Komödie „Achterloo" dar. In Dürrenmatts letztem Roman „Durcheinandertal" ist der Mensch dem Menschen ein Wolf, die Menschheit zerstört sich selbst, es gibt keinen Grund, einen gütigen Gott anzunehmen. Gangster, Verbrecher und Schurken beherrschen die Welt, in der alles durcheinandergeht, keine Ordnung, keine Werte mehr existieren, bis alles im apokalyptischen Feuer aufbrennt und nichts mehr übrig bleibt.

Das Schlußkapitel des letzten Werkes Dürrenmatts, der „Turmbau-Stoffe IV-IX", „Das Hirn" läßt das menschliche Gehirn aus dem Urknall entstehen, das dann von Mord zu Mord evolutioniert, bis es sich selber fragwürdig wird und total entartet. Im Jahre 12000 gibt es nur noch Computer und künstliche Roboter, aber keine Menschen, Tiere und Pflanzen mehr. Es gibt keine Natur mehr, nur noch ein schwarzes Loch, in dem alles bis zur völligen Auslöschung versinkt und auf Nimmerwiedersehen verschwindet.

LITERATURNACHWEIS

Armin Arnold, Friedrich Dürrenmatt, Berlin 1969
Hans Bänziger, Frisch und Dürrenmatt, Bern 1962
Elisabeth Brock-Sulzer, Dürrenmatt in unserer Zeit, Basel 1968
Elisabeth Brock-Sulzer, Friedrich Dürrenmatt — Stationen seines Werkes, Zürich 1970
Breuer, Paul-Josef, Friedrich Dürrenmatt, Der Besuch der alten Dame; in: Kurt Bräutigam, Europäische Komödien, Frankfurt a. M. 1964
Dürrenmatt, Friedrich, Theaterprobleme, Zürich 1955
Jacobs, Wilhelm, Moderne deutsche Literatur, Gütersloh o. J.
Christian M. Jauslin, Friedrich Dürrenmatt — Zur Struktur seiner Dramen, Zürich 1964
Urs Jenny, Dürrenmatt, Velber/Hannover 1965
Franz Lennartz, Deutsche Dichter und Schriftsteller unserer Zeit, Stuttgart 1959
Otto Mann, Geschichte der deutschen Literatur, Gütersloh o. J.
Hans Mayer, Dürrenmatt und Frisch, Pfullingen 1963
Joachim Müller, Frisch und Dürrenmatt als Dramatiker der Gegenwart; in; Universitas, Stuttgart 1962/7
Therese Poser, Friedrich Dürrenmatt; in: Rolf Geisler, Zur Interpretation des modernen Dramas, Frankfurt a. M., o. J.
Jacob Steiner, Die Komödie Dürrenmatts; in: Der Deutschunterricht, Stuttgart 1963/6
Hans-Jürgen Syberberg, Interpretationen zum Drama Friedrich Dürrenmatts, München 1965

Nachtrag:

Wolfgang Butzlaff, Dürrenmatt als Dramatiker in: Der Deutschunterricht, Stuttgart 1971/5
Reinhold Grimm, Parodie und Groteske im Werk Dürrenmatts in: Germanisch-Romanische Monatsschrift 1961/11
Siegfried Kienzle, Friedrich Dürrenmatt in: Dietrich Weber, Deutsche Literatur seit 1945, Stuttgart 1970
Erich Kühne, Satire und groteske Dramatik bei Dürrenmatt in: Weimarer Beiträge 1966/12
Joachim Müller, Verantwortung des Dramas für unsere Zeit — Brecht und Dürrenmatt in: Universitas, Stuttgart 1966/7

Neumann-Schröder-Karnick, Dürrenmatt-Frisch-Weiss, München 1969
Der unbequeme Dürrenmatt, Theater unserer Zeit, Band 4, Basel 1962
Manfred Durzak, Dürrenmatt, Frisch, Weiss. Deutsches Drama der Gegenwart, Stuttgart 1972
Karl Schmidt, Erläuterungen und Dokumente zu Dürrenmatt, Besuch der alten Dame, Stuttgart 1975
Walter Urbanek, Deutsche Literatur II, Bamberg 1969
R. Charbon, Die Naturwissenschaften im modernen deutschen Drama, Züricher Beiträge (Artemis)
Im Zentrum dieser Arbeit steht die Untersuchung von Brechts „Galilei" und Dürrenmatts „Physiker", die zeigt, welchen Stellenwert Naturwissenschaften und Technik in diesen beiden Dramen besitzen.

Nachtrag 1980

Heinz Ludwig Arnold, Text und Kritik I/II, München 1976/1977: Heft 50/51 und 56.
  Bd. I: Theaterschriften, Dürrenmatt und die Bühne.
  Bd. II: Kunst und Wirklichkeit — Politik — Humor im Werk Dürrenmatts. Bibliographie.
Lincoln Barnett, Einstein und das Universum. Frankfurt a. M. 1952
Heinz Beckmann, Eine tragische Komödie in: H. B., Nach dem Spiel, München 1963
Friedrich Dürrenmatt, Gefährliches Denken, Die Weltwoche, Zürich 7. 12. 1956
Arnold Heidsieck, Das Groteske und das Absurde im modernen Drama, Stuttgart 1969
Hansres Jacobi, Dürrenmatts „Besuch der alten Dame", Die Welt, 3. 2. 1956
Wolfgang Kayser, Das Groteske, Oldenburg 1961
Oskar Keller, Dürrenmatt, Die Physiker, München 1971
Gerhard P. Knapp, Dürrenmatt, Die Physiker, Frankfurt a. M. 1979
Jan Knopf, Friedrich Dürrenmatt, München 1976
Herbert Lehnert, Fiktionale Struktur und physikalische Realität in Dürrenmatts „Physikern", Sprachkunst 1, 1970
Sigrid Mayer, Dürrenmatt, Der Besuch der alten Dame, Frankfurt a. M. 1980
Werner Oberle, Grundsätzliches zum Werk Dürrenmatts in: R. Grimm, Der unbequeme Dürrenmatt, Basel 1962
Hermann Pongs, Dichtung im gespaltenen Deutschland, Stuttgart 1966
Ulrich Profitlich, Friedrich Dürrenmatt, Komödienbegriff und Komödienstruktur, Stuttgart 1973

A. u. W. van Rinsum, Interpretationen — Dramen. München 1978
Volker Schüler, Dürrenmatt, Die Physiker, Hollfeld 1974 (AR 13)
Egon Ecker, Dürrenmatt, Der Besuch der alten Dame, Der Verdacht, Hollfeld 1985, (AR 16)
Hans-Jürgen Syberberg, Zum Drama Dürrenmatts, München 1974
Daniel Keel, über Friedrich Dürrenmatt, Essays, Zeugnisse und Rezensionen von Gottfried Benn bis Saul Bellow. Mit Interviews, Chronik und Bibliographie. Zürich 1980

Nachtrag 1994

Thomas Berger, Dürrenmatt, Der Besuch der alten Dame, Hollfeld 1992^2, (AR 67)
Thomas Berger, Dürrenmatt, Die Physiker, Hollfeld 1993^3 (AR 65)
Horst Haller, Friedrich Dürrenmatts tragische Komödie „Der Besuch der alten Dame". In: Deutsche Dramen. Interpretationen 2. Königstein 1981
Kirsten Arnvig, Dialogtypen in Dürrenmatts „Der Besuch der alten Dame". In: Text und Kontext 11, 1983
Werner Frizen, Friedrich Dürrenmatt, „Der Besuch der alten Dame". Interpretation. München 1987
Heinrich Goertz, Dürrenmatt. Rowohlts Bildmonographien Bd. 380, Reinbek bei Hamburg 1993

Banges Lernhilfen

Wie interpretiere ich...

Neuerscheinung
Egon Ecker
Wie interpretiere ich ein Gedicht?
Methoden anhand von vielen Beispielen
ISBN: 0695-5 ca. 160 Seiten

In diesem Buch geht es nicht darum Gedichtinterpretationen vorzustellen, sondern einen Weg von vielen möglichen aufzuzeigen, wie man Gedichte interpretieren kann. Anhand von Gedichten der verschiedensten Epochen werden Hinweise gegeben, wie man inhaltlich und formal Texte erklären und verständlich machen kann. Die Arbeitsweise vollzieht sich dabei in vier Schritten: - dem jeweiligen Gedicht folgt eine Anleitung und Stoffsammlung - eine Gliederung und Gliederungsskizze - eine Ausarbeitung und Auswertung - Aufgaben zum Text

---

Edgar Neis
Wie interpretiere ich ein Drama?
Anleitungen zur Analyse klassischer und moderner Dramen
4. erweiterte Auflage 1993   236 Seiten
ISBN: 0697-1

Inhalt:
Methoden des Interpretierens - Erstbegegnung mit dramatischen Formen - Wege zur Erschließung und Analyse des Dramas - Die Dramensprache und Figurenrede - Was ist bei der Interpretation zu beachten - Arbeitsvorschläge.

Arbeit im Detail:
Titel, Personen, Handlung, Aufbau, Sprache, Realisation, Bühnengestaltung, Regieanweisungen, soziokulturelle und historische Einordnung usw.
Modellinterpretationen - Zur Theorie des Dramas - Literaturverzeichnis

---

Edgar Neis
Wie interpretiere ich Gedichte und Kurzgeschichten?
15. Auflage   208 Seiten
ISBN: 0584-3

Ein "Grundkurs", die Kunst der Interpretation zu erlernen und zu verstehen. Anhand von zahlreichen Interpretationsbeispielen wird dem Leser ein "Roter Faden" für andere Interpretationen mitgegeben.

Aus dem Inhalt:
Was ist ein Gedicht?: Weg und Ziel der Interpretation - Metrum und Rhytmus - Grundformen - usw.
Was ist eine Kurzgeschichte?: Wesen - Bedeutung - Gestaltung - usw.
Lyrik und Kurzprosa seit der Jahrhundertmitte: Ende und Neubeginn - Von der Kurzgeschichte zur Kurzprosa.

Egon Ecker
Wie interpretiere ich Novellen und Romane?
3. veränderte Auflage   202 Seiten
ISBN: 0686-6

Dieses Buch versucht Hinweise zu geben, wie Romane und Novellen interpretiert werden können.
Die Einteilung erfolgt in drei Abschnitten:
a: Informationsteil: Die Novelle (Der Roman) - Was ist ein(e) Novelle ....
b: Interpretationsteil: Biographie - Entstehung - Inhalt - Aufbau...
c: Übungsteil: Beispiele und Aufgaben

Preisangaben oder weitere Auskünfte über diese Titel erhalten Sie bei Ihrem Buchhändler oder direkt bei:
C. Bange Verlag - Marienplatz 12 - 96139 Hollfeld - Tel.: 09274/372 - Fax: 09274/80230

C. BANGE VERLAG

Königs Erläuterungen

sind die umfangreichste Sammlung von
Interpretationen in deutscher Sprache.
Vom Absurden Theater bis Zuckmayer.

Die kleine Übersetzungsbibliothek

bietet wortgetreue Übersetzungen zur
Schullektüre römischer und griechischer
Klassiker.

Lernhilfen und Formelsammlungen

in Hülle und Fülle für alle Fächer.

Lektüre und Ratgeber

C. Bange Verlag
Marienplatz 12 · 96142 Hollfeld
Telefon 0 92 74 / 3 72 · Telefax 0 92 74 / 8 02 30